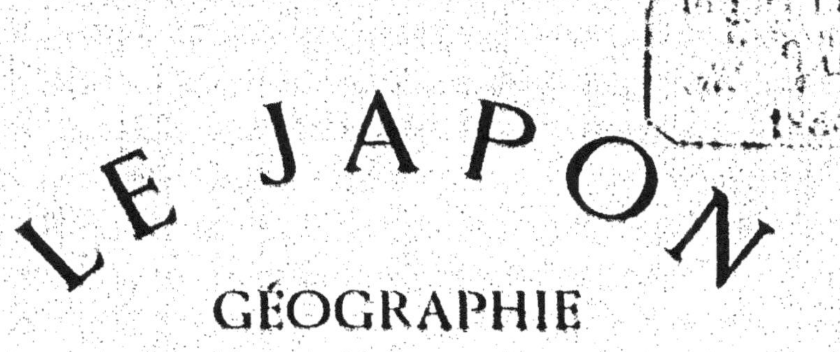

LE JAPON

GÉOGRAPHIE

PHYSIQUE, POLITIQUE, ÉCONOMIQUE

AVEC TROIS CARTES ET UN PLAN DE TOKIO

PAR

ÉMILE LABROUE

Agrégé d'Histoire et de Géographie,
Rédacteur en chef du *Bulletin de la Société de Géographie commerciale*
de Bordeaux

PARIS

INSTITUT GÉOGRAPHIQUE DE PARIS
CHARLES DELAGRAVE
ÉDITEUR DE LA SOCIÉTÉ DE GÉOGRAPHIE DE FRANCE
15 — rue Soufflot — 15

1881

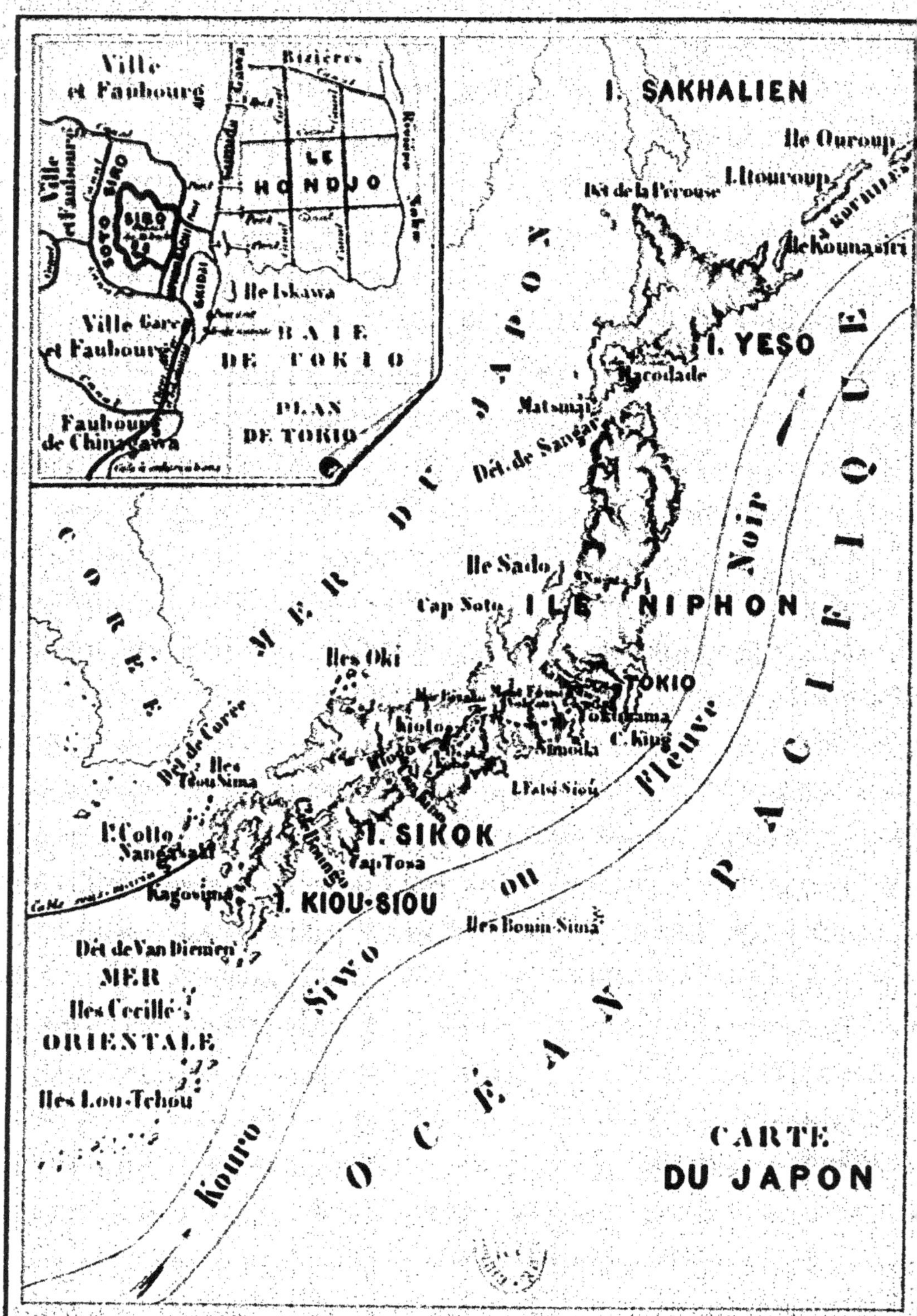

Ville et Faubourg
Rizières
Ville et Faubourg
LE HONDJO
SIRO
SOTO SIRO
Ile Iskawa
Ville Gare et Faubourg
BAIE DE TOKIO
Faubourg de Chinagawa
PLAN DE TOKIO
I. SAKHALIEN
Ile Ouroup
I. Itouroup
Isd de la Perouse
Ile Kounasiri
I. YESO
Hacodade
Matsmaï
Dét. de Sangar
MER DU JAPON
Ile Sado
Cap Soto
ILE NIPHON
Iles Oki
Mont Fousi
TOKIO
Kioto
Yokogama
Simoda
C. king
L'Fatsi Sioù
Dét de Corée
Iles Tsou Sima
I. SIKOK
Cap Tosa
I. Collo
Nangasaki
Kagosima
I. KIOU-SIOU
Iles Bonin Sima
Noir
PACIFIQUE
Fleuve
Dét de Van Diemen
MER
Iles Cecillé
ORIENTALE
Iles Lou-Tchou
Sivo ou
OCÉAN
Kouro
CARTE DU JAPON
COREE

LE JAPON

GÉOGRAPHIE

PHYSIQUE, POLITIQUE, ÉCONOMIQUE

AVEC TROIS CARTES ET UN PLAN DE TOKIO

PAR

ÉMILE LABROUE

Agrégé d'Histoire et de Géographie,
Rédacteur en chef du *Bulletin de la Société de Géographie commerciale*
de Bordeaux.

PARIS

INSTITUT GÉOGRAPHIQUE DE PARIS

CHARLES DELAGRAVE

ÉDITEUR DE LA SOCIÉTÉ DE GÉOGRAPHIE DE FRANCE

15 — rue Soufflot — 15

—

1881

LE JAPON

INTRODUCTION

Le Japon est un empire insulaire de l'Asie, situé dans l'Océan Pacifique, en face de la Chine. Marco Polo le désignait sous le nom de Xipangu; les Hollandais le nommaient Japan. Les Chinois l'appellent Yank-Hou (atelier du soleil), et Jé-Pen (contrée du soleil levant). Aussi les Japonais mettent-ils sur leurs drapeaux et sur leurs étendards un soleil, avec sa couleur rouge de feu.

BIBLIOGRAPHIE : Titsingh, *Journal d'un Voyage à la cour d'Yeddo et au Japon*. — Krusenstern, *Voyages autour du monde*. — Ouvrages de Klaproth (*passim*). — *Description du Japon par le Hollandais* Valentyn. — Thunberg, *Flora japonica; Voyage au Japon*, traduit en français par Langlès. — De Siebold, *Nippon, Archiv zur Beischreibung von Japon; Atlas von Land- und Seekarten vom Japanischen Reiche*. — Fraissinet, *Le Japon : histoire et description*, 2 vol. in-12. — Humbert, *Le Japon illustré*, 2 vol. in-4°. — *Récit des Voyages de Kæmpfer et de Siebold*. — *Promenade autour du monde* (1871), par le baron de Hübner. — *Voyages en Asie*, par Albert-Montémont (article sur Kæmpfer). — *Voyage autour du monde : Yeddo*, par le comte de Beauvoir. — *Le Japon pittoresque*, par Maurice Dubard. — *Notes d'un Globe Trotter*, par Em. D'Audiffret. — Philarète Chasles, *Voyages d'un critique, le Roman au Japon*. — *L'Univers pittoresque* (Firmin Didot), article sur le Japon. — *Revue des Deux-Mondes* (15 septembre et 1er octobre 1876), *le Japon contemporain*; (15 mai 1877), *l'Art japonais*, par G. Bousquet. — *Le Tour du Monde* (*passim*). — *Géographies générales*. — Journaux du Japon.

Sur leurs timbres-poste, ils placent aussi l'image du soleil.

D'après les brahmines qui prétendent que l'Inde a plus de 300 millions d'années, l'origine du Japon remonterait à 2 millions 500,000 ans. Ces chiffres, si fantaisistes qu'ils soient, indiquent la très haute antiquité du Japon.

Aux VIIe et VIIIe siècles avant l'ère chrétienne, le Japon était habité par un peuple indigène, au teint brun, issu de la race malaise. Il fut détruit ou chassé par des populations de la race jaune, qui vinrent de la Chine au Japon. Les restes de cette population indigène se réfugièrent dans l'île déserte et inhospitalière de Yéso. C'est là qu'on trouve encore aujourd'hui le type malais dans les populations sauvages des Aïnos.

Indiquons, à grands traits, quels sont les voyageurs qui nous ont fait connaître le Japon, et par quels moyens les nations de l'Amérique et de l'Europe ont ouvert ce pays au commerce du monde.

Marco Polo est le premier qui ait prononcé en Europe le nom de cette contrée.

En 1270, il vint à la cour de Koublaï, le grand khan des Mongols. Quelques années après, il fut envoyé par ce prince en mission en Chine où, peut-être, il vit partir la flotte de Koublaï qui devait s'emparer de Xipangu (Japon) et des îles voisines. La courageuse résistance des habitants et la tempête firent échouer les projets de conquête du khan. Marco Polo visita quelques îles du Pacifique, mais il ne fit qu'entrevoir le Japon.

En 1524, un naufrage poussa sur les côtes du Japon le Portugais Mendez Pinto. Quand, après bien des vicissitudes, il fut rentré en Portugal, les brillantes descriptions qu'il fit de ce pays attirèrent les Européens vers ces parages lointains. C'est alors que saint François Xavier y porta le catholicisme. L'empereur du Japon lui accorda l'autorisation de convertir ses sujets. Les sermons du missionnaire traduits en japonais émurent et convertirent une grande partie de la population. Bientôt de nombreux catholiques vinrent de l'Europe se joindre à François Xavier.

Les Hollandais, ayant appris que les catholiques faisaient fortune au Japon, dirigèrent vers ce pays une expédition navale. Un seul vaisseau toucha aux côtes de Niphon, mais il se brisa sur les rochers. Le capitaine, William Adams, un Anglais, fut pris et retenu à la cour de l'empereur, qui le combla de bienfaits sans jamais vouloir le laisser repartir. Adams informa de sa situation et de l'état du Japon un de ses amis, le capitaine Saris, qui était à Java. Celui-ci fit venir d'Angleterre un navire chargé de diverses marchandises destinées à être vendues aux Japonais. Il aborda à *Firando*, auprès de Kiou-Siou où depuis peu venaient de s'établir les Hollandais. Williams Adams obtint que l'Angleterre eût des comptoirs au Japon. Mais le séjour des Anglais ne fut pas de longue durée ; ils abandonnèrent leurs comptoirs peu de temps après. Au contraire, les Hollandais s'y établirent plus fermement ; ils supplantèrent les Portugais et le port de Nangasaki leur fut ouvert. Les Japonais ne connurent bientôt plus que les Hollandais parmi les Européens. Sur leurs cartes géographiques, ils donnèrent à la Hollande une étendue considérable ; elle comprenait la plus grande partie de l'Europe occidentale.

En 1690-91, le Westphalien Kæmpfer fit, comme médecin de la marine hollandaise, une exploration de ce pays. Il était secrétaire de l'ambassade suédoise en Perse. Il prit du service sur la flotte hollandaise et il fut envoyé au Japon avec la légation de la Hollande. Il visita Nangasaki et Yeddo et il donna la relation de son voyage. C'est le premier livre important qui ait été écrit, en Europe, sur le Japon.

En 1772, le voyageur et botaniste suédois Thunberg, élève de Linné, fut envoyé au Japon par la Compagnie hollandaise pour étudier les productions du pays. A son retour, il publia deux ouvrages. Le premier, intitulé *Flora Japonica*, parut en 1784; le second, qui fut le récit de son *Voyage au Japon*, parut en 1796. Il a été traduit en français par Lenglès.

Au commencement du XIXe siècle, les Russes et les Anglais tentèrent vainement de se faire admettre au Japon.

De 1823 à 1830, de Siebold, médecin allemand, fit un curieux voyage dans l'empire japonais. Il résida huit ans à Désima, comme attaché à la légation néerlandaise. De retour en Europe, il fit d'importantes publications sur le Japon; malheureusement elles sont restées inachevées.

En 1854, le commodore Perry contraignit, avec une escadre, le gouvernement japonais à ouvrir ses ports aux États-Unis. Il obtint une convention par laquelle le port de Simoda était ouvert aux vaisseaux des États-Unis. Dans le délai d'un an le port de Hakodade devait aussi leur être ouvert. Les Anglais en 1854 (14 octobre), les Hollandais et les Russes en 1855 (9 novembre), eurent le droit de s'établir, les premiers à Nangasaki, et les seconds à Hakodade. Le 26 août 1858, l'Anglais lord Elgin obtint de nouveaux avantages, et un mois après, notre ambassadeur le baron Gros conclut un traité analogue au nom de la France. Pendant ce temps, l'Amérique et la Russie obtenaient de nouvelles concessions.

Les nations qui avaient signé ces divers traités pouvaient s'établir dans les ports de Hakodade, Yokohama, Niigata, Hiogo et Nangasaki. En 1862, les villes de

Yeddo et d'Osaka leur furent ouvertes. (¹) Les consuls eurent le droit de voyager dans toutes les provinces de l'empire. C'est depuis cette époque que le Japon a été connu par nos négociants, qu'il a été exploré par un assez grand nombre de voyageurs. C'est d'après ces documents officiels et ces récits divers que nous allons exposer la géographie du Japon.

(¹) Depuis cette époque, quelques autres ports ont été ouverts aux étrangers. En ce moment, M. Kaneko, professeur d'anglais à l'École normale de Toyoka, prépare un travail au sujet de l'ouverture du port de Tsoul-Minato.

GÉOGRAPHIE PHYSIQUE

Le Japon s'étend du 126e au 148e degré de longitude orientale, et du 29e au 47e degré de latitude Nord. Il a une superficie de 402,799 kilomètres carrés. Cet empire insulaire est borné, au Nord, par la mer d'Okhotsk et le détroit de la Pérouse qui le sépare de l'île Sakhaline (¹); à l'Est, par la mer du Japon et le détroit de Corée qui le sépare de la Corée; au Sud-Ouest, par la mer Jaune qui le sépare de la Chine; au Sud et à l'Est, par l'Océan Pacifique.

Le Japon se compose de quatre grandes îles et d'une foule de petites. Les quatre grandes sont Yéso, Niphon, Sikok et Kiousiou.

Les petites îles comprennent: les Kouriles méridionales, Kounachir et Itouroup (Ourous et Tchikotans appartiennent aux Russes depuis peu), situées au nord d'Yéso; l'île Sado et les îles Oki, à l'ouest de Niphon; les îles Fatsitiou et Bonin-Sima (²), à l'est de Niphon. Au sud de Kiousiou et au delà du détroit de Van-Diemen se trouve une longue chaine d'îles comprises sous le nom d'archipel Licou-Kicou, Liou-Kiou ou Lou-Tchou. Elles vont, en formant un demi-cercle, rejoindre l'île Formose (³) et la Chine.

(¹) L'île Sakhaline ou Sakhalien appartenait autrefois au Japon. Elle est aujourd'hui sous la domination russe.

(²) Bonin-Sima communique 4 fois par mois avec le Japon par paquebots à vapeur.

(³) L'île Formose appartient à la Chine, à qui le Japon l'a cédée récemment.

Nous voyons d'abord les îles Linschoten, puis l'archipel Cecille, avec les îles de Tanega-Sima (¹), Nagarobé, Yakimo-Sima, Naka-Sima, Suma-Sima, Akui-Sima, Tokora-

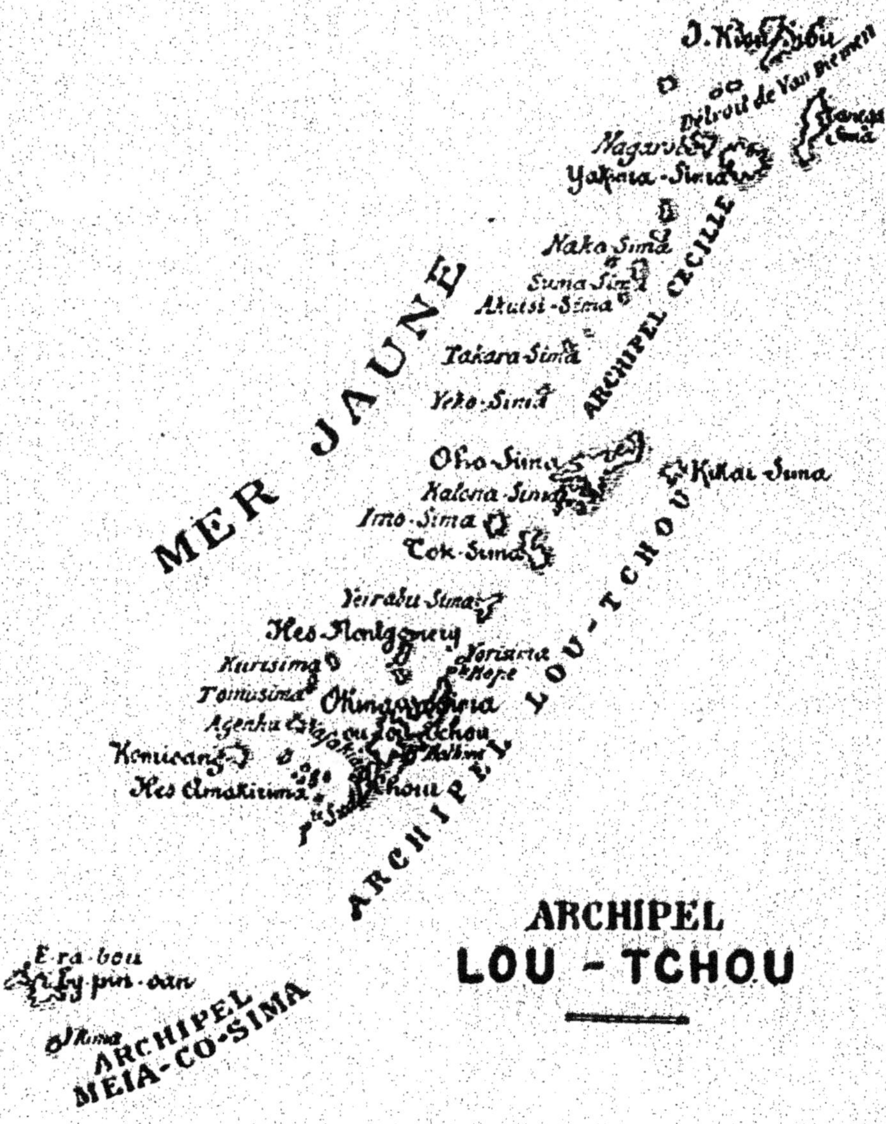

Sima, Yoko-Sima. Puis vient l'archipel Liou-Kiou proprement dit (²). Nous y remarquons les îles de Kikai-Sima,

Oho-Sima, Katona-Sima, Ima-Sima, Tok-Sima, Yeiraba-Sima, îles Montgoméry, Yori-Sima, Karisima, Tonne-Sima, Okinawa-Sima, Komisang, Amakirima. Entre les îles Liou-Kiou et Formose, nous trouvons encore l'archipel Meia-Co-Sima, avec les îles de Raleigh, Pinacle, Tiausu, Ty-Pin-San, E-Ra-Bou. Ykima, Pat-Ching-San, Bangh, Koo-Kieu-San et Koumi.

Les côtes de toutes ces îles sont très escarpées, la côte orientale particulièrement. Cet escarpement indique la profondeur des mers voisines. En effet, dans ces parages, l'Océan Pacifique est très profond. En certains endroits, la sonde n'a pu toucher le fond. La partie comprise entre le Japon et la Californie forme une cuvette de 5 à 6,000 mètres de profondeur. Au nord-est du Japon, le fond des mers est encore plus bas; il y a une fissure large de 100 lieues, longue de 300, qui a 8,500 mètres de profondeur. La température des eaux, à ces profondeurs, est en moyenne de 0,90.

L'Océan Pacifique est le plus tourmenté des Océans. D'après la théorie de Russell, il est parcouru par une vague dans l'espace de douze heures. Comme il a 11,000 kilomètres de large, c'est une course folle de 1,000 kilomètres à l'heure.

Le fond de l'Océan Pacifique est des plus curieux. « Il est semé de vivants parterres où s'épanouissent mille fleurs animées : nullipores roses et jaunes, gorgones aux ventails lilas, patelles striées de pourpre, anémones marines aux brillantes nuances, méduses aux blanches clochettes, isabelles violettes et autres gracieux zoophytes, au milieu desquels se joue le colibri de l'Océan, ce poisson microscopique aux riches et changeants reflets. Là, croissent de gigantesques forêts, dont la luxuriante végétation laisse bien loin celle des tropiques si vantée, et qui voient se déployer des fucus dont la taille, de beaucoup supérieure à celle du baobab, le géant des forêts africaines, ne mesure pas moins de 800 pieds de longueur. Au sein de ces profondeurs ténébreuses, errent des monstres qui, ne remontant vers la surface qu'à de lointains intervalles, apparaissent parfois, aux yeux effrayés de quelques navigateurs, et deviennent, comme le fabuleux *kraken*, le sujet de légendes que se transmettent les générations. » (J. Dubois.)

A travers l'Océan Pacifique, le long des côtes orientales du Japon, coule un vaste courant, le Kouro-Sivo ou fleuve Noir. Il est formé par le courant nord équatorial. Il commence vers le détroit de Malacca, suit les côtes du Japon et se dirige ensuite vers l'Amérique. Il envoie un bras vers le détroit de Behring et les mers glaciales. L'autre partie de son cours redescend le long des côtes de la Californie.

A son origine, la température de ce courant est de 27° cent. Elle descend ensuite à 11°. Il a une vitesse de 133 kil. par jour (7 kilomètres à l'heure).

La mer du Japon, qui baigne les côtes occidentales, est une sorte de mer Méditerranée, plus mauvaise encore pour la navigation que l'Océan Pacifique. Elle est constamment agitée par les tempêtes.

Les côtes du Japon, sur cette mer, forment un arc de cercle dont la concavité est tournée vers la Chine. Il s'étend de l'île Sakhaline à l'île Formose.

YÉSO

L'île d'Yéso a une forme triangulaire. Sa superficie et celle des petites îles voisines est de 89,623 kilomètres carrés. Elle est séparée de Niphon par le détroit de

Matsmaï ou de Tsangar au sud. Sur la côte sud-est s'ouvre la magnifique baie des Volcans. Le golfe de Strogonof est à l'ouest de l'île. Les côtes escarpées sont généralement couvertes de forêts ou de terres labourables. L'intérieur de l'île est rocheux, par suite peu cultivé et d'un accès difficile. Les montagnes sont couvertes de bouleaux, de cyprès, de sapins, d'énormes roseaux où vivent les aigles, les faucons, les ours. Si l'on en croit quelques géographes, les ours y sont à l'état domestique, comme les chiens chez nous. On les introduit jeunes dans la famille. Malte-Brun affirme (¹) que les femmes les allaitent avec un soin tout maternel. Quand l'ours a grandi, on le met en cage, on l'engraisse, puis on le tue pour le manger. Ensuite on pleure solennellement la mort de cet aimable favori de la maison.

En dehors du bois des forêts, l'île ne rapporte que du millet, des fèves et des pois. Les mines d'or, d'argent, de plomb y sont abondantes, mais inexploitées. Il y a peu de routes et peu de villages à l'intérieur de l'île.

Les habitants vivent surtout sur les côtes où se fait une grande pêche. Au sud de l'île est bâtie la ville de *Matsmaï,* qui donne son nom au détroit. C'est une forteresse bien défendue du côté de la terre. Son port est important. C'est le chef-lieu de l'île; il y a 50,000 âmes. Les maisons sont presque toutes en bois. A l'est de Matsmaï et sur le même détroit se trouve la ville d'*Hakodade,* qui a 28,000 habitants. C'est le rendez-vous commercial des étrangers et l'entrepôt des marchandises de toute l'île. Son port est vaste. Il a été ouvert aux États-Unis en 1854, aux Anglais et aux Russes en 1855, aux Hollandais en 1857, aux Français en 1858. Sur la côte nord-est, on voit la petite ville d'*Atkis* ou *Atskesi,* avec le port de

(¹) *Géographie universelle,* t. V, p. 210.

Kimaro, visité en 1792 par le russe Laxmann. Viennent au-dessus les ports de *Soyea* et *Notsjiab*, en face desquels s'avancent les Kouriles.

Les deux *Kouriles* méridionales appartiennent au Japon et dépendent du gouvernement de Matsmaï. *Kounachir* a une population de 300 habitants et un établissement sur la côte sud. *Itouroup* possède le port fortifié d'*Ourbitch*.

Le long de la côte occidentale d'Yéso s'élèvent plusieurs petites îles : Oosima, Kosima, Okosiri, Riosiri, Ribounsiri, qui dépendent aussi de l'île d'Yéso.

Toutes ces îles sont de nature volcanique. Nous y trouvons les volcans de Tchatchanabouri, dans l'île de Kounachir; d'Itouroup, dans l'île du même nom; du Pic de Langle, dans l'île de Riosiri; ceux de la baie des Volcans et ceux d'Oosima et de Kosima. Ce dernier est le plus petit du globe.

Les Aïnos sont les habitants d'Yéso et des Kouriles. Ils sont plus grands et plus robustes que les Japonais. Ils sont velus, et leur visage est presque entièrement couvert par leur barbe noire. Leurs lèvres sont peintes de diverses figures d'animaux. Hommes et femmes se tatouent. Comme au Japon, les femmes teignent leurs dents en noir.

Les Aïnos sont d'excellents chasseurs. Ils courent avec une rapidité inouïe; ils suivent le cerf à la course. Ils ont des chefs héréditaires qui paient tribut au gouverneur de Matsmaï, lequel dépend de la cour de Tokio. Leur tribut se paie en peaux de bêtes, car ils n'ont pas de monnaie. L'usage de l'écriture leur est inconnu. Ils n'ont ni lois, ni culte. Ils font cependant des libations en l'honneur d'une divinité qu'ils nomment *Kamoï*. Quelques-uns adorent le soleil, la lune, la mer. Ils font le commerce par échange et en silence, comme le faisaient autrefois les Carthaginois sur les côtes occidentales de l'Afrique.

Ils vont dans les iles voisines où ils déposent leurs marchandises, puis ils remontent sur leurs bateaux. Les indigènes mettent d'autres marchandises à côté de celles-ci. Peu de temps après, les habitants d'Yéso reviennent et acceptent l'échange, s'il leur convient.

La polygamie est admise. On a quatre ou huit femmes suivant la fortune. Les frères épousent leurs sœurs.

NIPHON ET KIOUSIOU.

L'ile de Niphon s'étend du Nord au Sud, sur une longueur de 300 lieues environ. Sa plus grande largeur, qui est dans le Sud, est de 80 lieues. La superficie de Niphon, de Sikok et de Kiousiou est de 296,679 kilomètres carrés. Sur ses côtes, nous voyons deux grands golfes : celui de Tokio à l'Est, et celui d'Osaka au Sud. Une chaine de montagnes de 2,000 à 2,500 mètres d'altitude parcourt l'ile de Niphon du Nord au Sud, où elle se bifurque et se répand autour du golfe d'Osaka. Les montagnes principales dont se compose cette chaine sont : le Fousi-Yama, le mont Nikko, le mont Hakone qui porte des chênes-lièges, et le mont Tsukuba. Les montagnes de Tsukuba (¹) forment le point le plus élevé de la chaine située au N.-E. de Tokio, près de la ville de Tsukuba. Elles se composent de granit, de gneiss, d'ardoises, de mica, de quartz. Il y a de grandes masses de diorite et des colonnes d'amphibole. Le sommet s'élève à 2,700 pieds. Il est couvert de belles forêts de chênes et de cèdres habitées par les aigles.

(¹) *Mes premières excursions au Japon*, par le professeur Brauns (V. *Mittheilungen de Halle*, 1880).

Toutes ces montagnes sont volcaniques. Il y a deux volcans en ignition et dix autres cratères qui jettent encore de la fumée et des flammes et occasionnent de très fréquents tremblements de terre. Le volcan de Shakagataké, dans la province de Yamato, a vomi des flammes tout récemment.

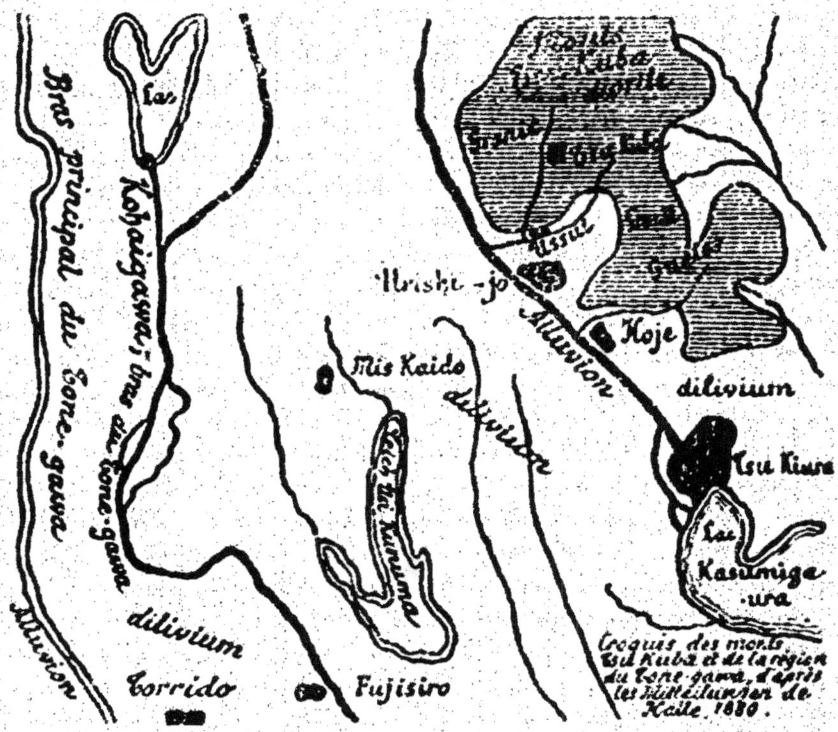

Le Fousi-Yama, le volcan le plus élevé et le plus imposant, a 3,795 mètres d'altitude. Il est éteint depuis deux siècles. Les Japonais aiment à le représenter dans leurs peintures. Ils se rendent à son cratère en pèlerinage. Ils pensent que là se trouve la divinité supérieure qui préside aux destinées de l'empire. Ils viennent témoigner leur gratitude à ce Dieu qui a calmé sa colère, qui est devenu doux et bon en vieillissant.

L'île de Niphon est celle qui a les plus grands fleuves. Aucun cependant n'a un cours très important. Ils portent le nom de *gawa*, qui signifie rivière ou *gare*, comme nous nommons les petits cours d'eau torrentueux des Pyrénées.

Le Somida ou Sumida-Gawa passe à Tokio (Yeddo). Le Tone-Gawa et le Toda-Gawa se jettent dans le golfe de Tokio. Le Yado-Gawa, qui coule à Osaka où il forme un port ensablé, a de 100 à 120 kilomètres de longueur environ. Le Tenrio-Gawa, qui se jette à la mer par trois embouchures, aurait près de 200 kilomètres.

Les lacs y sont assez nombreux. On compte le lac Souva où s'écoulent un grand nombre de sources minérales chaudes et d'où sort le Tenrio-Gawa; le Kasumiga-Oura où s'écoule un bras du Tone-Gawa. Sur ce lac se trouve la ville de Tsuchiura, à 20 ri de Tokio. Le plus grand lac est celui d'Oïtz ou de Biwako-Ou-Mi, nommé encore Phi-Pha-Hou ou de la Guitare, par les Chinois. Il est rendu célèbre par la plaine qui l'environne, où s'élèvent 3,000 pagodes. Ce lac fut formé, dit-on, à la suite d'un tremblement de terre qui affaissa le terrain.

A l'est de Niphon, s'élève le rocher escarpé, stérile, désert, de Fatsi-Sio. Il n'est accessible qu'au moyen d'échelles de cordes. C'est un lieu d'exil pour les courtisans tombés en disgrâce. A l'ouest de Niphon, on voit l'ile de Sado, connue par ses mines d'or.

L'ile de Sikok s'étend au sud-est de Niphon. Elle est déserte, peu habitée et peu connue.

Kiousiou (ou Ximo) est au sud-ouest de Niphon. Elle en est séparée par le détroit de Simonozaki. Elle est montagneuse; le pic Hornez est un de ses volcans redoutables. Il y a aussi l'Illigigama. Elle n'est connue des étrangers que dans la région de Nangasaki. On sait cependant qu'elle est plus fertile que les autres contrées du Japon. Elle se termine au sud par le cap Tchitchakof, au delà duquel on trouve les divers archipels de Liou-

Kiou, qui comprennent trente-six îles dont la superficie est de 6,916 kilomètres carrés. Signalons Taniga-Sima, où abordèrent en 1543 des navigateurs portugais, les premiers Européens qui aient vu le Japon. *Chéouri* est le chef-lieu des îles Liou-Kiou.

CLIMAT.

Le Japon a un climat généralement salubre, mais très varié. Celui d'Yéso et des Kouriles est froid. Pendant six mois, la température est en moyenne de 15° au-dessous de zéro. Les plaines, comme les montagnes, y sont couvertes de neige de novembre en avril.

En été, les pluies sont fréquentes.

Le climat de Niphon a des étés très chauds et des hivers froids. Dans ces deux parties de l'année, il y a d'innombrables variations de température. A l'époque des chaleurs, les tempêtes sont nombreuses, les pluies fréquentes et bienfaisantes.

Les îles de Sikok, de Kiousiou et l'archipel Liou-Kiou ont des chaleurs et des froids extrêmes. Dans le mois d'août, à Nangasaki, la chaleur s'élève jusqu'à 98° (Fahrenheit), et au mois de janvier, le thermomètre descend jusqu'à 35° (¹) Pendant l'été, les chaleurs sont très fortes, il y a des orages et, presque toutes les nuits, le tonnerre se fait entendre. Mais cette chaleur est tempérée par les brises de mer. En hiver, la température est parfois rigoureuse à cause des vents qui soufflent généralement du Nord et du Nord-Est. La neige y paraît quelquefois.

LES MINES.

Le Japon abonde en métaux précieux. Il y a des mines d'or dans l'île de Sado, et des fleuves aurifères dans l'île

(1) 36° centig. au-dessus de zéro; 37° centig. au-dessous.

de Niphon. L'or s'exploite généralement par le lavage dans des sables. Mais nous ne devons ajouter aucune croyance à ce que dit Malte-Brun : « Pour ne pas abaisser le prix » de l'or par une trop grande abondance, l'exploitation » en est limitée par les lois (1). » C'est là un écho des récits merveilleux qu'avait recueillis Marco Polo. « On racontait, » dit-il, que le palais du roi de Xipangu était couvert d'or » fin, en la manière que nos églises sont couvertes de » plomb. »

Nous savons aujourd'hui à quoi nous en tenir sur ces mines d'or abondantes, il est vrai, mais non pas consirables, comme on l'a cru longtemps.

Il y a de belles mines d'argent qui produisent par jour 5 kilos 62 grammes. Le cuivre y est abondant; le plus beau que l'on connaisse se trouve à Sikok. Le fer y est exploité en grand; « c'est le moins commun de tous les métaux, » dit Malte-Brun. Le mercure offre des gisements variés et précieux. Il y a du plomb et de l'étain. Les montagnes volcaniques fournissent du soufre et du bitume, et donnent naissance à un grand nombre de sources minérales. Au nord de Niphon, dans les îles d'Yéso et de Taka-Sima, la houille se montre en couches épaisses. Le salpêtre, le kaolin, le jaspe, le sel gemme y sont en abondance. On vient de découvrir dans l'île de Niphon les plus riches et les plus belles carrières de marbre de l'Asie.

Dans les environs de la ville de Kigashé, située sur le Kioushiou-Kaido, se trouve une mine de charbon de terre, aujourd'hui en pleine exploitation, et d'une richesse exceptionnelle. Il a été calculé qu'elle pourrait fournir pendant un siècle trois millions de livres par jour. M. Yoshii, ministre des travaux publics, s'est rendu sur

(1) *Géographie universelle.* t. V, p. 211.

les lieux, en compagnie d'un ingénieur anglais, pour savoir s'il ne serait pas possible d'ouvrir un débouché à ces richesses, en construisant un railway qui transporterait les charbons de la mine à Modji (Bouzen), ville située sur la mer intérieure, et qui n'en est éloignée que de huit ri. Les études préliminaires faites par l'ingénieur anglais ont démontré que cette ligne ferrée ne reviendrait pas à plus du tiers de celle qui existe entre Kobé et Osaka, pour laquelle le mille anglais a coûté 100,000 yens. Il a été décidé en conséquence que les travaux commenceraient dès le 15 juin. Il est question de compléter ces travaux par l'établissement à Modji d'une station navale, où les navires à vapeur indigènes et étrangers qui feront escale à Akamagasaki (Tchoshiou) pourraient s'approvisionner de charbon.

LE SOL. — L'AGRICULTURE. — PRODUCTIONS.

Au Japon, il y a relativement peu de terres cultivables; à part le terrain de rizières, il n'y a que des collines et des montagnes qui sont naturellement peu fertiles. Sur les coteaux, même les terres vierges ne produisent pas sans le secours de la fumure (¹). Malgré cela, le Japon a une très belle végétation, assez semblable à celle de la France, mais plus vigoureuse. Il rapporte en abondance

---

(¹) Il ne faudrait pas toutefois exagérer, comme l'ont fait certains géographes, l'infécondité du sol japonais. Les plaines et toute la côte sont très fertiles. Voici ce que dit à ce sujet le *Courrier du Japon* du jeudi 1ᵉʳ juin 1880:

« Le Japon est un pays vraiment privilégié et richement doté par la nature. Son sol est excellent et peut être cultivé à très peu de frais : il n'a pas, comme en a le nôtre, en France, des herbes parasites en quantités énormes, nécessitant des sarclages continuels et un travail de défoncement complet tous les cinq ou six ans pour détruire le grament. Les terres au Japon ne se reposent jamais, tandis que chez nous une grande partie ne peuvent, même régénérées par des engrais substantiels, supporter la fatigue de récoltes régulières ; il faut les varier sans cesse. Il est vrai que même au repos elles produisent encore, grâce aux prairies artificielles et aux pacages, qui donnent en même temps de la fumure. »

toutes sortes de produits. C'est que chacun se donne de la peine pour fouiller et engraisser le sol; c'est que l'agriculture y est considérée comme un devoir religieux. Pour encourager l'agriculture, pour donner l'exemple, pour montrer que le travail de la terre est le premier et le plus saint, le mikado, dans une ferme-modèle, cultive de ses mains, chaque jour, quelques plantes de céréales, riz, orge, etc. Les fermes sont très bien tenues au Japon (¹).

Pour leur donner un plus grand développement, pour les améliorer encore, le gouvernement vient de créer 50 fermes-écoles. Le Japon a même organisé des compagnies de soldats-laboureurs chargés de défricher les terres et d'exécuter, pour leur compte, des travaux agricoles. Le *Nitchi-Nitchi Chimboun* a publié, à ce sujet, l'article suivant :

« Le nombre des soldats-laboureurs (Tou-den-Hei) est

(¹) Milton S. Vail, missionnaire au Japon, donne, dans le journal *le Methodist*, les détails suivants sur une ferme japonaise :

« Les fermes, au Japon, paraissent exploitées sur une petite échelle. Toutes les terres appartiennent au gouvernement et toutes doivent payer un fermage. Le blé, l'orge, le seigle et le sarrazin sont cultivés par rangs; les mauvaises herbes sont enlevées au moyen de la pioche. Cette culture des céréales par rangs paraît étrange. Le riz est le principal produit du Japon. La terre presque partout est noire, et ce sol noir des vallées, s'il est bien cultivé et s'il est arrosé par les ruisseaux des collines voisines, forme d'excellentes rizières. La terre est labourée à la main. Les hommes entrent dans la vase jusqu'aux genoux et, avec une longue bêche, tournent la terre sens dessus dessous. Les chevaux sont employés ensuite pour herser et après cette opération, le riz est semé à la main. Le riz du Japon est très beau et les Japonais savent fort bien le cuire; c'est du reste la base de leur nourriture — un peu de riz, avec des conserves et du thé, constitue souvent leur repas — Le peuple ne sait pas faire le pain; mais il en paraît très friand quand il peut en obtenir des étrangers. Cependant le Japonais emploie la farine dans les moindres mets. J'ai remarqué en arrivant à Hakóne, ville de la montagne située à quarante-cinq milles de Yokohama, que dans quelques auberges, on donne, en guise de thé, une boisson faite avec du blé écrasé.

« Les pommes de terre, les patates douces, les aubergines, le maïs, les melons, les choux, les oignons et les navets sont cultivés en cet endroit à côté d'autres légumes dont les noms me sont inconnus et que je n'ai vus nulle part en Amérique. Je pense que tous les légumes cultivés à New-York pourraient l'être avantageusement ici. »

Traduit de l'anglais et communiqué par TH. FILLENT.
Membre honoraire de la Société de Géographie commerciale de Bordeaux.

de 2,500; il ne comprend que des hommes choisis parmi les cultivateurs, car, ainsi que leur nom l'indique, ils sont chargés à la fois de la garde du pays et de sa mise en culture. Ils ont, avec eux, leurs femmes et leurs enfants. Sur ce nombre de 2,500, on en compte 450 qui ont déjà pu réaliser des économies variant entre 100 et 2,000 yens. Ces hommes et leurs familles peuvent vivre sans le secours du gouvernement; depuis quatre ans qu'ils sont venus s'établir dans le pays, ils ont dû d'abord passer un an sous les drapeaux, pour y acquérir l'instruction militaire indispensable, ce qui fait qu'en trois ans seulement ils ont pu atteindre le degré de bien-être auquel nous les voyons arrivés aujourd'hui. Le mode d'alimentation dont ils font usage, et qui est reconnu comme le meilleur, leur a été conseillé par le ministre des colonies; il consiste, à l'exemple de ce que font les cultivateurs en Europe, à se nourrir du lait de leurs troupeaux et des légumes qu'ils cultivent dans leurs jardins, de sorte qu'en se nourrissant ainsi ils ont pu, en outre qu'ils se sont maintenus en parfait état de santé, mettre en réserve, pour l'époque des mauvaises récoltes à venir, tout le riz que leur donne le gouvernement.

» Les femmes, en général, font des filets pour la pêche; cette industrie est pour elles et leurs familles une source importante de bénéfices, d'autant plus qu'elles emploient à cette fabrication le chanvre qu'elles récoltent, et que les côtes étant très riches en poissons, elles trouvent très facilement à les vendre.

» L'industrie séricicole, qui vient d'être introduite dans ces provinces, a commencé à donner des résultats appréciables; elle prend de jour en jour de l'importance et l'on doit d'autant plus croire à son avenir que les soies que produisent les filatures sont de belle et bonne qualité.

» Toutes les écoles primaires ont été aménagées de façon que les salles puissent servir à la fois de salles d'études et de magnaneries, ce qui permet aux jeunes filles d'apprendre l'élève des vers à soie, en même temps qu'à lire et à écrire.

» En résumé, chaque soldat-laboureur recevant, le jour où il arrive dans le pays, une concession de 5,000 tsoubos de terres qu'il doit défricher, et qui deviennent sa propriété, le gouvernement a pu arriver, par ce moyen, à transformer en champs cultivés près de *quatre millions de tsoubos de terres restées jusqu'alors en friche.* »

Sauf les sommets des montagnes, tout terrain est cultivé avec zèle. Si quelque portion reste inculte, un cultivateur laborieux a le droit de s'en emparer. Sur les flancs des montagnes, les Japonais construisent, par gradins, des murs en pierre. Ils forment ainsi de petits plateaux où ils apportent de la terre qu'ils fertilisent par les engrais.

Ils sèment de tous côtés des fèves, des pois (le soja), des choux. Ils récoltent peu d'orge, de seigle, de blé. Leur principale culture est celle du riz. Le sésame, le gingembre, le poivre noir, le coton, l'indigo, le chanvre, le tabac et le sucre y sont cultivés avec succès. Les fruits et les légumes y ont en général peu de saveur. Les raisins n'y sont pas mauvais, mais ils sont peu propres à la vinification. Le vin obtenu jusqu'à présent est pour ainsi dire imbuvable, parce qu'il manque des deux principes essentiels qui le constituent, l'alcool et le tannin.

L'humidité n'empêche pas le blé d'y réussir. Il y a surtout une qualité, cultivée en France, qui donne de très bons résultats. Ceux qui le sont sur nos coteaux pourraient bien s'acclimater au Japon, et produire d'excellent grain, dans des conditions moins élevées que celui qu'on importe en farine. Il ne s'agirait que d'installer des minoteries, dont l'établissement serait peu dispendieux, et l'on arriverait à propager l'usage du pain, que les Japonais aiment beaucoup.

L'orge vient également très bien au Japon, et sa culture pourrait en être augmentée dans des proportions notables, en vue de la fabrication de la bière qu'on est obligé de demander à l'Europe.

L'avoine devrait aussi réussir à souhait, mais les Japonais n'en font point usage.

Une culture qui manque au Japon, et qui cependant est facile et coûte peu, ce sont les prairies, naturelles ou artificielles. Sans elles, point de bétail, et c'est cependant une industrie des plus lucratives, dont on doit comprendre de plus en plus l'importance. Dans les conditions actuelles, et avec l'usage sans cesse croissant de la viande, si l'élève des bœufs ne prend pas une extension proportionnelle, on peut calculer le moment où ils viendront à manquer à peu près complètement. Sans prairies, point de vaches laitières qui coûtent si cher, quand il faut les faire venir d'Amérique.

Sur les flancs des montagnes, on voit croître le camphrier, la laque et le *rhus vernix* qui donne une gomme résine, principe du vernis noir de l'Inde. Le thé est un des produits les plus connus du Japon. Le mûrier y pousse en abondance. Le bambou y croît dans des proportions considérables. Il y a le laurier, le cotonnier, l'oranger, le figuier, le poirier; le pommier manque. On y voit de vastes forêts de mélèzes, de cyprès, de saules (¹).

On n'élève au Japon ni bœufs, ni moutons, ni porcs;

(¹) D'après le *Tokyo Chinbun*, on vient de découvrir dans les montagnes d'Hakône plusieurs pieds de chênes-lièges; l'existence de ces arbres avait déjà été constatée précédemment dans la province de Ghéi-fou. Le gouvernement va s'occuper sous peu de faire fabriquer des bouchons.

ceux-ci étant considérés comme nuisibles à l'agriculture. Depuis peu cependant on y a introduit des porcs et des lapins de races européennes. On y mange des moutons qui viennent de Chine. La volaille et le poisson sont, avec le riz, la principale nourriture des Japonais. Les pauvres mangent des algues. On y trouve de beaux chevaux. Il y a des buffles et des bœufs pour les travaux des champs, non pour la boucherie. Il y a aussi des canards, des perdrix, des oies, des faisans, des renards, des loups et des ours. On y élève le ver à soie avec un soin tout particulier.

GÉOGRAPHIE POLITIQUE

La population du Japon est de 34,238,408 habitants : 17,419,795 hommes et 16,918,619 femmes.

En 1871, il y avait au Japon 782 Anglais, 229 Américains, 164 Allemands, 158 Français, 87 Hollandais et 166 Européens d'autres pays. Total : 1,586 étrangers, sans compter les Chinois.

Le nombre des étrangers de toutes nationalités (Européens, Américains ou Chinois) s'élève, en 1880, à 3,639. Les Chinois sont au nombre de 1,300.

Il y a une augmentation dans le nombre des résidents anglais et allemands et une diminution dans celui des américains.

Les Japonais appartiennent à la race jaune. Leur teint est jaunâtre, brun ou blanc pâle. Ils sont généralement petits ou de taille moyenne. Ils sont bien faits et assez solidement constitués. Leur œil est petit et enfoncé. Leur cou est court et leur tête large. Elle est rasée à moitié et le reste de leurs cheveux est relevé sur le sommet. Les enfants n'ont qu'une petite mèche sur chaque oreille; quelques-uns ont un petit serpent dessiné en cheveux sur le haut de la tête. Le Japonais porte presque toujours un éventail à la main. Chez lui, il s'assied sur des nattes, les jambes croisées. Quand il voyage, il se revêt d'un vêtement de papier huilé; quand il salue, il s'incline plusieurs fois jusqu'à terre. Les femmes ont les dents teintes en noir et les lèvres en rose ou en vert; elles fument la pipe.

Sous cet aspect bizarre et extraordinaire qui porterait parfois à rire, il y a cependant une intelligence merveilleuse, une activité rare, un grand désir de faire renaître cette ancienne civilisation de l'Orient et de la transformer sous l'influence des peuples de l'Europe et de l'Amérique du Nord.

C'est ce que fait le Japon, surtout depuis la révolution qui a renversé le taïkoun et la féodalité.

Avant 1868, le Japon était divisé en 70 provinces gouvernées par 70 *kokfs* ou seigneurs. Il y avait 3 *fou* ou districts résidentaux (Tokio, Osaka et Kioto). Une nouvelle division a été faite depuis la révolution opérée par le mikado. Le Japon comprend aujourd'hui 85 provinces ou *fu* (fou) subdivisées en 717 *ken* ou districts. La capitale était Miaco (Kioto); c'est maintenant Yeddo qui a pris le nom de Tokio depuis 1868.

Nous ne décrirons pas toutes les grandes villes du Japon; nos données ne sont pas suffisantes. Nous parlerons des ports ouverts aux étrangers par les traités de 1854-58. Nous insisterons sur la description de la capitale et de quelques autres grandes cités.

Tokio. — Tokio (To, *est*, Keï, *capitale*) est bâti au fond du golfe de Tokio (¹). Une partie de la ville est traversée par le Soumida-gawa et par le Noko-gawa. Entre ces deux cours d'eau s'étend un faubourg nommé le Hondjo, quartier du commerce. Au centre de la ville s'élève le *Siro*, l'acropole, la forteresse. Toute ville japonaise a son

(¹) Voir à la carte du Japon le plan de Tokio.

siro. C'est dans le siro que se trouve le palais du mikado, jadis couvert de lames d'or. Le siro de Tokio est formé par une muraille de 6 kilomètres de long et de 8 mètres de haut. Cette muraille est entourée d'un canal. Autour du siro se trouve le Soto-Siro, où sont les ministères et les habitations des grands personnages de la cour. En avant du Soto-Siro, sur les bords de la mer, en face de la petite île d'Iskawa, on voit la concession européenne. C'est là que s'élèvent la Douane et l'École navale. Plus bas est la légation anglaise. Les temples, les théâtres, les maisons de thé sont dans la partie nord de la ville, vers le Soumidagawa. La gare du chemin de fer est bâtie au sud, non loin de la côte. A quelque distance, dans la mer, cinq forts défendent l'entrée de la baie (¹).

La population de Tokio était de 700,000 âmes, il y a quelques années. Elle s'élève aujourd'hui à un million. Au milieu de la ville est un pont fameux (Nippon-bachi) d'où l'on compte les distances sur tous les chemins du Japon. Il a 240 pieds de long. Il est construit en bois de cèdre. Les rues de Tokio sont macadamisées. Elles sont parcourues par des tramways.

A part les palais, les temples, les théâtres, les maisons des grands, les magasins du haut commerce, la plupart des maisons sont, à Tokio, comme partout ailleurs au Japon, construites en bois de bambou. Les incendies, par suite, sont fréquents. On a organisé, depuis peu, des compagnies de pompiers. Les maisons sont ouvertes

---

(¹) Le port de Tokio, comme la plupart de ceux de la côte japonaise du Pacifique, n'est pas très sûr. Les typhons y exercent leurs ravages. Dans la nuit du 3 au 5 août 1889, la ville a été frappée par un de ces terribles typhons. 32 établissements du gouvernement, 5 écoles, 4 hôpitaux, 31 temples, 1,111 maisons, 8 manufactures, 394 magasins ont été détruits. 4 établissements du gouvernement, 5 écoles, 5 temples, 630 maisons, 5 manufactures, 50 magasins ont été endommagés. 35 personnes ont été tuées, 32 noyées, 63 blessés; 12 bateaux ont sombré.

sur le devant et la vie domestique est ainsi exposée aux regards des curieux. Dans les chambres, il n'y a ni chaises, ni tables, ni lit. De grandes nattes sont étendues sur le parquet et c'est là que chacun s'assied, à terre, sur ses jambes pliées. En entrant dans les maisons, on tire ses chaussures pour marcher sur les nattes. On dort aussi par terre, sur des matelas, dans une robe de chambre ouatée. On a des couvertures pour se couvrir, mais il n'y a pas de draps de lit.

Il y a peu de voleurs, peu de mendiants ; le Japonais vit facilement et à bon marché : du poisson, du riz et du thé, cela suffit pour satisfaire les appétits les plus voraces. Par suite, la besogne de la police est facile. On voit, çà et là, dans les rues, des policemens. Ils sont vêtus de bleu et portent sous le bras un bâton en bois de fer, de 1m50.

Yokohama. — Yokohama est le port ouvert aux étrangers ; c'est la concession où sont bâties les maisons des consuls de l'Europe et de l'Amérique. C'est la ville nouvelle construite depuis 1859. Il y a toutes les légations, sauf celle d'Angleterre qui est à Tokio. Au delà se trouve la ville japonaise qui porte spécialement le nom de Kanagawa ; aussi ces deux noms : Yokohama, Kanagawa, se confondent-ils souvent.

Il y a en quelque sorte deux quartiers : le quartier étranger et le quartier japonais. La ville de Yokohama a 120,000 âmes. Il y a 2,000 Européens. Les Français sont au nombre de 100 environ. Il y en a eu, suivant les années, de 92 à 126. La ville nouvelle a des constructions en pierre, des hôtels, des maisons confortables. Les rues ne sont pas très larges, mais elles sont propres et macadamisées. Elles ne sont pas encore sillonnées par des tramways, mais on y voit en grand nombre les jinrikiska, sortes de voitures traînées par des hommes, excellents trotteurs. Ce sont les calèches de nos grandes villes françaises.

Yokohama ne manque pas de distractions. Elle a un cirque français qui était tenu récemment par Blondel, de Lyon. Elle a plusieurs théâtres. Les Japonais adorent les représentations théâtrales. Ils prennent leurs places dès midi ; ils boivent et mangent dans leurs loges.

Jamais les femmes ne paraissent sur la scène à côté des hommes. Des hommes font les rôles de femmes. Il y a quelques pièces jouées par des femmes seules.

A Yokohama, il y a de nombreuses représentations en anglais ou en français, où assistent particulièrement les étrangers. On y joue les belles scènes du *Trouvère*, des *Huguenots*, de la *Muette*, comme à Londres et à Paris. Il y a aussi des soirées musicales où sont interprétés les plus beaux morceaux de nos grands maîtres, que les Japonais viennent applaudir de grand cœur. A côté des théâtres, il y a les maisons de thé. La maison de thé, c'est le café des Français. On y boit du thé, on y mange du poisson cru et du riz bouilli. Les *geishas* y charment les auditeurs par des danses ou par des récits piquants.

Chacune prend un nom particulier : Mommotaro (fleur de pêcher) ; Koden (parfum d'encens) ; Tokumatzu (essence de vertu) ; Kuman (rêve de poésie).

Kioto. — Kioto (capitale du Sud) ou Miako, qui a 600,000 habitants environ, était naguère la capitale. Aujourd'hui, elle n'est plus que le grand centre religieux du Japon. Il y a un temple fameux. Près du temple, l'on voit une cloche qui a 6 mètres de haut et qui pèse 2,010,000 livres. Dans le temple, il y a 1,001 grandes statues. Chacune en supporte 33 petites. Il y a par suite 33,033 statues. On y remarque une statue de Boudha, assis dans une fleur de lotus. Elle a 81 pieds de haut. Kioto a un grand nombre de prêtres du boudhisme ou du shintoïsme.

Kioto est aussi un centre d'industrie et de commerce. Elle a des manufactures de tissus et de porcelaines. C'était jusqu'à nos jours le siège principal des sciences et des lettres. Ses imprimeries sont renommées. De là sortent l'almanach impérial et une foule de livres japonais.

Osaka. — Osaka ou Oasaka est située à 45 kilomètres de Kioto. Elle a 500,000 habitants. C'est une ville ouverte aux Européens. Elle est située près de l'embouchure du Yodo-gawa, mais le port est encombré par les sables; une barre en interdit l'accès. Aussi les vaisseaux n'y arrivent que difficilement.

Le véritable port d'Osaka est Kobé, à côté de l'embouchure du Yodo-gawa. C'est là qu'arrivent en foule les navires étrangers.

Osaka est une ville forte; elle est défendue par une grande citadelle. Elle est sillonnée de canaux. Elle possède un jardin botanique, un hôtel des monnaies, un arsenal, un palais du gouverneur, des temples nombreux et des théâtres plus nombreux encore. Les Japonais surnomment cette ville le *théâtre des plaisirs.* Tous les seigneurs puissants y ont un pied-à-terre. La cour, quand elle était à Kioto, craignait que les fonctionnaires n'abandonnassent trop longtemps la capitale pour le séjour de cette cité. Aussi ne leur était-il permis d'y passer plus d'une nuit.

Osaka a des imprimeries, de nombreuses librairies. Elle fabrique des soieries, des cotonnades, du papier de mûrier, etc.

Hiogo. — Hiogo ou Fiogo est un des ports ouverts aux Européens, sur le golfe d'Osaka, au Nord-Ouest. Le port est garanti par un vaste môle. La ville est grande, belle et très peuplée.

Citons encore Nara.

Yokoska. — Yokoska, est un beau port de mer situé dans le golfe de Tokio. Il y a un arsenal, des poudreries, des docks, des chantiers de construction et des ateliers de réparation pour les machines à vapeur. Ces travaux ont été exécutés, en partie, par des ingénieurs français.

Nagasaki. — Nagasaki ou Nangasaki est la principale ville de l'île Kiou-Siou. Elle est située sur une île. Elle est à trois jours de navigation à vapeur de Chang-haï. C'est une ville de fondation portugaise. La cité, construite en amphithéâtre, est fortifiée du côté de la mer ; son port est excellent. Ses rues sont pavées en bois ; par suite, malgré sa grande animation, il y a relativement peu de bruit. La plupart des rues sont couvertes et ressemblent à des galeries. De chaque côté se trouvent de nombreux bazars.

La ville est divisée en deux parties. L'une, appelée Usimatz ou ville intérieure, a 26 rues. L'autre (Sottomaz, ville extérieure) a 61 rues. Il y a un grand commerce de soie, laques, porcelaines, cuivre, etc.

La population dépasse 80,000 âmes. A côté de Nagasaki s'élève l'îlot de Désima relié par un port à la ville.

Dans l'archipel Liou-Kiou se trouve la ville de Chéousi. Nous avons déjà parlé de Hakodade et de Mastmaï, dans l'île d'Yéso.

Signalons quelques autres villes sur lesquelles les

Européens n'ont encore que des renseignements incomplets : Niigata, Iva Koumi, Kagoshima, Toyoka, Otsou, Sakaï, le Scheffield japonais, Kigashé, Sékito, Omori, Kawasaki, Tsurumi, Shinagawa, Tagasaki, Hakône; Tsoui-Minato, port de mer; Modji, à 8 ri de la mer du Japon; Akamagasaki, port de mer, sur la côte occidentale; Tsuchiura, près du lac Kasumiga-ura, à 20 ri de Tokio; Tsukuba (la ville des montagnes), à 300 mètres au-dessus de la mer; Mito, ville chef-lieu d'une province, à 30 ri de Tokio, elle a 20,000 habitants et possède une grande industrie pour l'exploitation des marbres. Hiroshima, Nagoya, Kumamoto, dans l'île de Kiou-Siou, et Sendaï, au nord-est de Niphon, sont des villes importantes par leurs garnisons. Ces deux dernières sont des résidences de gouverneurs militaires.

LE GOUVERNEMENT.

Le Japon est un empire qui a pour chef le mikado ou empereur, maître du pouvoir spirituel et temporel. Au-dessous de lui, se trouvait le taïkoun qui, depuis le XVIIe siècle, avait pris peu à peu la direction des affaires civiles et militaires, et ne laissait qu'une ombre d'autorité au mikado. Le taïkoun était devenu une sorte de maire du palais, au pouvoir absolu.

Quelques princes de l'aristocratie japonaise, mécontents de la suprématie du taïkoun, poussèrent le mikado à le renverser. Un soulèvement eut lieu en 1868.

Une armée partit de Kioto, marcha sur Tokio et vainquit, sans grande difficulté, le taïkoun, qui vit aujourd'hui tranquille, loin des affaires, entretenu aux frais de l'État dans une retraite princière.

Dès ce moment, le mikado, Mutsushito, prit en mains tous les pouvoirs; il alla résider à Tokio, où il organisa une puissante centralisation administrative. Par l'édit du 29 août 1868, il supprima l'autorité des seigneurs féodaux en abolissant les *hans*.

Le han était la ville qui dépendait d'un daïmio ou seigneur; c'était son fief; il en tirait toutes sortes de redevances. Mais pour ne pas opérer une révolution violente, le mikado laissa aux seigneurs encore pour quelque temps leurs hans ou fiefs, à titre d'administrateurs délégués de l'empereur.

L'année suivante, l'administration fut confiée à des fonctionnaires nommés par le mikado ou par ses ministres. Depuis cette époque, voici quelle est la forme du gouvernement.

L'empereur est entouré d'un conseil suprême (le *Daïjo-Kwan*), composé du vice-empereur (*Daïjo-Daïjin*), de l'*oudaïjin*, sorte de contre-empereur et de dix ministres (*sanghis*) (¹). A côté de ce conseil suprême se trouve un Sénat (*Gen-lo-in*) nommé par le mikado et une cour suprême, sorte de Chambre des députés composée de gouverneurs des provinces nommés aussi par le mikado. En ce moment (8 octobre 1880), une grande agitation règne au Japon. De tous côtés des pétitions sont adressées au mikado pour lui demander la création d'une *assemblée* élue par la nation. Les journaux publient des pétitions de ce genre adressées par 400 bonzes de la province de Kawatchi, par 4,000 habitants de Sendaï, etc. Le gouvernement a promis d'organiser cette assemblée. Aussitôt une Société privée s'est fondée sous le nom d'*Aïkounsha* (fidèle à Dieu) pour dissuader les novateurs. « Notre pays, disent ces fervents

---

(¹) Les dix ministères sont: guerre et instruction publique, affaires étrangères, intérieur, marine, justice, finances, colonies, travaux publics, maison de l'empereur.

» adeptes, n'a qu'un seul véritable culte. Le seul Dieu
» auquel nous devons nos hommages est le *Daijingou*
» (Shintou). Depuis que les religions étrangères se sont
» introduites parmi nous, l'esprit national s'est perdu.
» Il faut bien qu'il en soit ainsi puisque nous voyons nos
» compatriotes manquer au respect dû à ce sentiment, en
» réclamant une part dans l'administration du pays.
» Notre devoir à tous est de rester fidèles à notre maître
» suprême. »

Tout porte à croire que cette assemblée nationale ne
tardera pas à être organisée, et le Japon aura son
gouvernement constitutionnel, comme la plupart des
États de l'Europe. Déjà le système de l'élection commence
à fonctionner. Dans chaque ville, les maires sont élus
par les chefs de famille.

L'ARMÉE, LA FLOTTE.

Avant la révolution de 1868, chaque daïmio levait sa
petite armée, comme, en France, les ducs et les comtes
du moyen âge. Il n'y avait pas de troupes nationales.
L'édit du 29 août interdit aux daïmios de lever des
troupes et les samourai ou nobles n'eurent plus le droit
de porter les armes (¹). Aussitôt le mikado organisa
une armée territoriale. C'est à la France que l'empereur du Japon demanda des officiers pour former son
armée. Une première mission fut envoyée en 1868; une
seconde en 1872. La première se composait de 15 officiers ou sous-officiers; la seconde d'une trentaine. Un
arsenal fut construit à Tokio où l'on fabriqua des armes,
sur le modèle de l'Allemagne (²). Des écoles militaires

(¹) C'est depuis lors que les samurais (ou samourai) ont cessé de porter deux
sabres (un de chaque côté). C'est aussi depuis cette époque que les étrangers
vivent sans inquiétude à côté des nobles japonais désarmés.
(²) Le Japon a un grand musée d'artillerie à Tokio.

furent établies pour l'infanterie et la cavalerie (à Shi-Kangakko, à Toyama). La durée des cours est de deux ans. On y donne l'instruction militaire, des notions sur l'art des fortifications et sur la topographie(¹). Il y a aussi une école d'escrime. On fait les levées par le tirage au sort, parmi les jeunes gens âgés de vingt ans. Le remplacement est admis. Ceux qui ne sont pas soldats sont soumis cependant à certains exercices annuels.

L'armée de terre comprend :

1° L'armée active (3 ans);

2° La réserve de l'armée active (4 ans);

3° L'armée nationale composée de tous les citoyens de 17 à 40 ans, non compris dans les catégories précédentes. Chaque année, le Japon a ses grandes manœuvres comme les armées de l'Europe. Il y a 4 gouvernements généraux militaires : Tokio, Osaka, Kumamoto, dans l'île de Kiou-Siou, et Sendaï (gouvernement du Nord-Est).

Voici le contingent de l'armée de terre :

2 régiments d'infanterie de la garde.

14 régiments de ligne.

1 escadron de la garde.

2 escadrons de ligne.

7 batteries de campagne.

7 batteries de montagnes.

7 compagnies du génie.

7 compagnies de trains d'équipage.

D'après un document publié le 1er mars 1880, la force effective de l'armée japonaise monte à 42,660 officiers et soldats et à 2,725 chevaux. La garde impériale est forte de

______

(¹) Les officiers chargés du service topographique, aux bureaux de l'état-major général de l'armée, viennent de quitter Tokio pour se rendre dans les diverses provinces de l'empire, afin d'y procéder aux travaux de triangulation nécessaires pour dresser une carte générale du Japon. On dit que ce travail ne sera pas terminé avant dix ans.

3,255 hommes, y compris les officiers. Voici le détail des effectifs des diverses garnisons : Tokio, 8,221 hommes et 654 chevaux ; Sendaï, 3.422 hommes et 46 chevaux ; Nagoya, 4,683 hommes et 51 chevaux ; Osaka, 7,540 hommes et 317 chevaux ; Hiroshima, 1,957 hommes et 46 chevaux ; Kumamoto, 5,681 hommes et 366 chevaux. Le nombre des chirurgiens militaires est de 241.

Les soldats sont vêtus comme les soldats français, sauf leur coiffure qui est semblable à celle des Russes. L'infanterie porte le sabre de notre cavalerie.

Si le Japon a demandé aux Français d'organiser son armée de terre, il a chargé l'Angleterre de lui former des marins et une flotte (1).

Cette flotte était encore de peu d'importance, il y a

(1) Dans l'*Almanach du Commerce Japonais*, de l'année courante, publié à Yokohama, on donne une liste des vingt-quatre navires de guerre formant la flotte du Japon ; ce sont :

	Tonn.	Canons.	Chevaux de force.
Adzouma-Kan, cuirassé, à hélice.	70	3	500
Amaki-Kan, 3e rang, à hélice	508	9	»
Asama-Kan, 3e rang, à hélice	1,191	12	300
Chiyoda-gata-Kan, 3e rang, à hélice	140	3	60
Fujiyama-Kan, 3e rang, navire-école à voiles	1,000	13	»
Fuso-Kan, 2e rang, blindé, à 2 hélices	3,710	12	3,500
Hiyei-Kan, 3e rang, corvette mixte à hélice	2,200	13	2,500
Hosho-Kan, 3e rang, à hélice	173	4	60
Iwaki-Kan, à hélice (en construction à Yokoska)	640	3	630
Jinjei-Kan, yacht impérial	»	»	»
Kaimon-Kan, à hélice (en construction à Yoko-ka)	1,360	8	1,250
Kasuga-Kan, vaisseau amiral, 3e rang, à aubes	»	7	300
Kenko-Kan, 3e rang, navire-école à hélice	300	»	»
Kongo-Kan, 3e rang, corvette mixte à hélice	2,200	13	1,500
Moshun-Kan, 3e rang, à hélice	297	5	100
Nishin-Kan, 3e rang, à hélice	784	18	250
Raiden-Kan, vieux navire à vapeur à hélice	210	4	80
Riojo-Kan, 3e classe, avec ceinture en fer, à hélice	1,250	15	280
Setsu-Kan, 4e classe, transport	»	»	»
Sei-ki-Kan, 4e classe, à hélice	898	6	180
Sooda-Kan, yacht	»	»	»
Teibo-Kan, 3e rang, à hélice	125	5	60
Tenrio-Kan, à hélice (en construction à Yokoska)	1,140	7	1,350
Tsukuba-Kan, 3e rang, navire-école à hélice	1,933	11	300

deux ans. Elle se composait de 17 navires (dont 3 à voiles) avec 70 canons. Les 14 vapeurs avaient une force de 2,300 chevaux.

En 1880, la flotte s'est accrue de 7 vaisseaux de guerre. Elle en a aujourd'hui 24, avec 164 canons.

Elle est ainsi répartie : 5 navires dans la baie de Sinagawa; 7 dans la baie de Yokoska. Les 12 autres sont dans le port de Yokohama, sous la direction de l'amirauté de l'Est.

Il y a un arsenal maritime à Yokoska, et une école d'application des ingénieurs de la marine. Tokio a une école navale.

L'INSTRUCTION PUBLIQUE.

Il n'y a pas un ministre spécial pour l'instruction publique. C'est le ministre de la guerre qui en est chargé. Une Université a été créée à Tokio. La durée des études à cette université (*Daïgakou*, grande école) est de quatre ans pour les trois facultés de droit, sciences et lettres. Les cours, dans la section des sciences, sont au nombre de cinq : chimie, mathématiques, physique et astronomie, biologie, cours d'ingénieurs, géologie avec minéralogie. Dans la section des lettres, il y en a deux : 1° philosophie, philosophie politique et économie politique; 2° littérature japonaise et chinoise. A l'exception de la seconde section des sciences, où le français domine encore comme langue de l'enseignement, mais où l'on n'admet plus de nouveaux étudiants, c'est en japonais et en anglais, et surtout dans cette dernière langue, que l'enseignement est donné. Outre l'anglais, tout étudiant est obligé d'apprendre l'allemand ou le français, à son choix; le français n'est obligatoire que pour les étudiants en droit. Ces derniers ont à étudier, non seulement le droit japonais et chinois, mais encore le droit anglais et français, le droit international, l'histoire et la littérature de l'Angleterre, de la France, et la littérature chinoise.

Le nombre des étudiants est encore faible, quoiqu'il augmente chaque jour. Le droit compte 48 étudiants, la chimie 18, les mathématiques, la physique et l'astronomie 4, la géologie et la minéralogie 17, les lettres 40. L'âge des étudiants varie entre seize et vingt-deux ans. De plus, il y a à l'étranger 23 jeunes gens qui, après avoir terminé leurs études à l'université japonaise, complètent leurs connaissances dans diverses institutions d'Europe et d'Amérique; il y en a 10 en Angleterre, 4 en France (tous à l'École centrale) et 9 en Amérique. (*OEsterreichische Monatsschrift für den Orient*, n° 8, 15 août 1880, d'après l'Annuaire de l'université de Tokio, pour 1879-80.) La Société littéraire *Shiobounkai* a pour but de favoriser l'étude de la littérature chinoise. Le mikado lui a fait don de 1,000 yens. Il y a à Tokio et dans les autres villes du Japon des écoles de garçons et de filles, où toutes les classes reçoivent une éducation commune (¹). Une école normale a été fondée à Toyoka, dans la province de Tambo. Sept autres écoles normales ont été créées naguère par un instituteur américain. Dans les maisons d'instruction, on fait suivre aux élèves un cours d'histoire de France. On y parle aussi le français. Mais la langue anglaise y est devenue la langue savante. L'alphabet commence à remplacer les signes qui composent l'écriture chinoise (²). On a aussi adopté le calendrier grégorien. Au Japon, la géographie est la première des

(¹) Le musée d'éducation d'Ouyéno mérite d'attirer l'attention des étrangers.
(²) Il n'y a pas de pays où le talent de l'écriture soit plus universellement répandu.

sciences, celle qui comprend tout, qui étudie tout, le ciel, la terre et ses produits, les villes et leurs administrations, les animaux, les hommes, leur organisation politique, leur état moral et social, etc. La Société de Géographie de Tokio fondée depuis peu est déjà florissante.

Le mouvement intellectuel est très grand au Japon (1). Il y a de nombreuses imprimeries qui publient beaucoup d'ouvrages (7 à 8,000 par an).

Il paraît 120 journaux japonais. Un d'eux tire à 63,000 exemplaires par semaine. Il y a 8 journaux anglais et français, et davantage pour les autres nations du globe.

Citons le *Tokio-Times*, l'*Hiogo-News*, l'*Écho du Japon*, et le *Courrier du Japon* qui nous a fourni de nombreux renseignements.

Les principaux journaux japonais sont : le *Tchoya-Chimboun*, le *Nitchi-Nitchi-Chimboun*, l'*Aitchi-Chimboun*, le *Hotchi-Chimboun*, le *Jousso-Shinski*, le *Mainitchi-Chimboun*, le *Heigei-Chimboun*, l'*Otsu-Sinpu*, le *Boukha-Shimpo*, etc.

LA JUSTICE.

Le ministère de la justice a été réorganisé d'après les conseils de M. Boissonnade qui a préparé au gouvernement japonais un Code de lois basé sur le Code français.

Le Code pénal et le Code d'instruction criminelle ont déjà paru. Le Code de procédure civile paraît en ce moment. On assure que le travail de M. Boissonnade est passablement mutilé, et qu'à force d'avoir voulu faire un Code vraiment japonais, on n'a presque rien laissé

(1) Un Anglais, professeur à Yeddo, a offert à la Société asiatique anglaise une collection de poésies japonaises comprenant 205 volumes. Il n'y a que les chefs-d'œuvre des principaux poètes. — Voir le *Roman au Japon*, par Ph. Chasles, dans son *Voyage à travers la vie et les livres*.

subsister de l'œuvre si consciencieusement étudiée par l'éminent légiste qui a rédigé les projets.

Des tribunaux ont été créés dans tous les *Fu* et les *Ken* (1). Les présidents de ces divers tribunaux se sont rendus à Tokio pour prendre connaissance des nouveaux Codes, dont la mise en vigueur a demandé une augmentation de 400,000 yens pour le budget annuel du ministère de la justice. Le Japon a une Cour de cassation *(Daishin-in)*; les affaires évoquées devant cette Cour ont été, en mai 1880, au nombre de 36. Dès que le Code de justice militaire aura été publié, on créera un Conseil de guerre pour chaque garnison.

Il y a à Yokohama une Cour consulaire française composée de deux assesseurs.

ÉTAT CIVIL.

Au moment où l'ancienne législation japonaise va disparaître; au moment où les nouveaux Codes vont être mis en vigueur, nous allons rappeler sommairement la constitution actuelle de l'état civil au Japon (2).

Actes de naissance. — Les déclarations de naissance sont faites par les parents, dans les sept jours de l'accouchement, *au kotchô* qui fait fonction d'officier de l'état civil. Trente et un jours après la naissance de l'enfant, la mère le porte au temple de Shinto.

Mariage. — Les mariages sont toujours faits par l'entremise d'un tiers appelé *baï-shakou-nin* (entremetteur). Il fait les démarches nécessaires auprès des

---

(1) On coupe la tête ou l'on étrangle pour les fautes ayant le caractère infamant. Le samuraï se coupe le ventre : c'est la mort noble des japonais.

(2) La plupart de ces renseignements nous ont été fournis par le *Courrier du Japon* du 15 septembre 1880.

parents de la jeune fille, et, au mariage, il remplit les fonctions de maître des cérémonies. Il n'y a ni mariage religieux, ni mariage civil. C'est un acte conclu entre particuliers. L'État en est simplement informé. Quand les fiançailles sont terminées, les parents du jeune homme et de la jeune fille envoient une déclaration au *kotchó*, l'informant du mariage. Quand les nouveaux époux ont été unis, une seconde déclaration annonçant la célébration est transmise au *kotchó*.

Voici, d'après le *Japon pittoresque*, de Maurice Dubard, le récit d'un mariage japonais :

« Dans l'union de l'homme et de la femme, il n'intervient ni représentant de la loi humaine, ni ministre de la loi divine. Un jeune homme désire-t-il épouser une jeune fille, il la demande ou la fait demander par un intermédiaire à ses parents. Quand la demande est agréée, le futur fait des cadeaux, après lesquels, suivant l'usage, les deux parties se considèrent comme liées. Les cadeaux du fiancé consistent en vêtements et en parures dont la richesse est en rapport avec sa fortune ; ce sont généralement une robe de soie blanche, une pièce de soie de même couleur et une ceinture brodée d'or pour la jeune fille. La belle-mère reçoit également une robe de soie blanche, et le beau-père un sabre de luxe ; les robes ne doivent pas être pliées.

» Le beau-père fait à son gendre des cadeaux d'égale valeur, s'il en a les moyens ; mais, dans tous les cas, il ne donne pas de dot à sa fille, qui apporte pour tous biens à la communauté : deux robes de soie cousues ensemble d'une façon particulière, deux ceintures, un costume complet d'apparat, un éventail, cinq ou sept livres de poche et le petit sabre destiné à défendre son honneur, s'il est attaqué.

» On convient du jour où doit se consommer le mariage; les parents, les amis, les voisins, sont convoqués pour ce jour à un grand repas; le jeune homme leur présente la femme qu'il s'est choisie pour épouse légitime, et tout est dit.

» A dater de ce moment, cette femme est sienne. Elle s'assied au foyer et y prend la première place. S'il convient au mari de se donner une compagne illégitime, une *mékaké*, il le peut sans avoir divorcé avec la légitime; il peut même, si sa fortune le lui permet, se créer un vrai harem; chaque nouvelle arrivée prend silencieusement dans la maison le rang que lui assigne la date de son entrée; elle est la seconde, la troisième ou la dixième, mais n'est jamais soumise aux caprices et aux volontés de ses devancières.

» Quant aux enfants, ils sont tous légitimes; quel que soit le numéro d'ordre de leur mère, leurs droits sont les mêmes, et ils restent, quoi qu'il advienne par la suite, la propriété exclusive du père.

» Pour se défaire d'une femme légitime, il n'est pas besoin de recourir aux tribunaux; un simple petit billet suffit : le *mikoudari-han*, mot à mot, trois lignes et demie. « Je constate. écrit le mari, que la nommée « une telle », qui a été mon épouse, ne l'est plus à dater d'aujourd'hui, et qu'elle est complètement libre de se remarier ou de faire ce que bon lui semblera. » C'est court, mais c'est bon. — Munie de ce certificat, la femme prend ses hardes, les menus objets qui lui appartiennent, et, laissant ses enfants au père qui doit se charger de leur éducation, elle va chercher ailleurs un sort plus favorable... »

L'homme ne se marie jamais avant dix-sept ans, la femme avant quinze ans. Le divorce est légal au Japon, mais c'est peut-être le pays où l'on divorce le moins. Le mari mécontent de sa femme la prévient qu'elle aura à quitter le toit conjugal. Mais ces cas se présentent très rarement. La femme connaissant la loi qui la gouverne se garde de déplaire à son mari, de lui faire infidélité ou de se fâcher, s'il prend une seconde femme auprès de lui. Le concubinage est reconnu au Japon. Sous le nom de *mékaké*, personne d'entourage, dame de compagnie, le Japonais peut prendre légalement une seconde et une troisième femme (¹). Les enfants de la seconde femme sont légitimes; il n'y a pas de bâtards, mais ils ne sont considérés que comme cadets de famille. Le droit d'aînesse existe au Japon, à l'exclusion des filles. Si la première femme n'a pas d'enfant mâle, le fils de la *mékaké* hérite des biens du père. — Il y a des mariages temporaires; on se marie pour quatre mois, pour huit, pour un an. Pour quatre mois, on donne parfois 100 yens (500 fr.) aux parents, et 50 yens par mois à la jeune fille (250 fr.). La femme ne peut pas hériter, ni posséder un immeuble en son nom. S'il n'y a que des filles dans une famille, l'aînée se marie et les biens des parents passent à l'époux.

Le père est maître, sans appel, des questions de famille.

Les parents peuvent faire cadeau de leurs enfants. Ceux qui les prennent, les adoptent, car l'adoption existe au Japon.

Décès. — Lorsqu'une personne meurt, la déclaration est faite au *kotchô*. Un médecin constate la mort. Trois jours après, se fait l'enterrement.

Les cérémonies de l'enterrement ont lieu, suivant la

(¹) Une loi interdisant la polygamie a été soumise récemment au Sénat. Elle a été votée à une grande majorité et elle va être promulguée prochainement.

religion du défunt, dans les temples de Boudha ou de Shinto. Les hauts personnages, les riches, se font enterrer. On brûle les cadavres des autres Japonais. Les familles conservent précieusement les cendres des morts.

ÉTAT RELIGIEUX.

Le Japon a deux religions : celle de Boudha et celle de Shinto. La première est maintenant en défaveur. Le shintoïsme est la religion reconnue par l'État.

Voici l'historique du shintoïsme :

A l'origine, tout était chaos, et deux esprits régnaient au-dessus du chaos, qu'ils divisèrent en cinq éléments. De ces deux esprits naquirent des dieux. Un de ces dieux envoya son fils sur la terre (au Japon) pour y faire régner la paix et le bonheur : c'était Niniji-no-Mikoto, d'où naquit Fimmu-Tenno, le premier empereur du Japon. De celui-ci naquirent les mikados. De là sortit la religion de Shinto qui consiste dans l'adoration du mikado, comme descendant et représentant des dieux, et dans la glorification des empereurs, des héros, des savants, de tous les ancêtres distingués. De là, un culte pour les personnages célèbres. Aussi le Japon a-t-il 333,333 divinités. Il y a 6,000 temples et 52,000 prêtres, presque autant qu'en France (il y en a 56,000 environ).

Le shintoïsme n'est pas à proprement parler une religion. Il ne parle pas de l'immortalité de l'âme. Il recommande d'imiter les sages et les hommes illustres. Ses commandements sont au nombre de quatre : aimer son pays, — honorer les dieux, — observer les devoirs d'homme, — révérer le mikado.

Les prêtres de Shinto ne peuvent pas se marier. Leurs

cérémonies principales, dans les temples, consistent en ablutions et en prières.

Ils sont vêtus d'une longue robe de soie jaune (couleur sacrée). Leur tête est rasée; elle est surmontée d'une haute coiffure en crêpe noir.

Les hommes doivent quitter les chapeaux, les cannes, les chaussures pour entrer dans les temples.

Les femmes et les enfants fréquentent particulièrement les temples de Shinto et viennent y demander la réalisation de leurs vœux, par des offrandes et des prières.

Après la religion de Shinto, viennent celle de Boudha qui a un assez grand nombre d'adeptes, et celle du Christ qui a fait des prosélytes au Japon depuis qu'elle y a été portée par saint François Xavier.

Les Japonais qui ne sont ni shintoïstes, ni boudhistes, ni catholiques, suivent la doctrine philosophique de Confucius. Elle ne s'occupe ni de la vie future, ni de l'immortalité de l'âme, ni des divinités. Elle donne seulement des préceptes moraux et sociaux pour se conduire dans la vie terrestre avec dignité, honnêteté et justice.

A côté de la religion d'État (du shintoïsme) et du culte public, il y a un culte privé consacré aux divinités de la famille, inventées par l'imagination, toute positive, des Japonais. Ces divinités ne prétendent pas à la beauté idéale; elles ne sont pas, non plus, terribles et faites pour effrayer. Elles représentent le seul désir auquel aspire le Japonais : vivre heureux sur la terre. Ce sont les dieux du bonheur.

Il y a sept dieux du bonheur chargés de fournir les béatitudes aux hommes :

Shiou-Rô est le dieu le plus vénérable : c'est le dieu

de la longévité. Sa vie est incommensurable. Quand il marche, dans ses longues pérégrinations, il porte une houlette rustique.

Yébis est le dieu de la nourriture. Il est pêcheur et marchand de poisson. Il donne aux Japonais leur principal aliment. Il est représenté sur les bords de la mer, une ligne à la main.

Daïkok-ten est le dieu des richesses. Il est placé sur deux balles de riz fermées de nœuds de perles. Il tient à la main un marteau de mineur. On lui donne pour attribut le rat, ennemi de la propriété.

Hoteï est le dieu du contentement d'esprit détaché des biens terrestres. Il est nu, et il porte une besace et un éventail.

Fossi-Fokou est le dieu des talents. Il porte le bonnet de docteur, et tient dans ses mains un éventail et une crosse à laquelle est suspendu un manuscrit enroulé.

Bisjamou est le dieu de la gloire. Il porte un casque, une cuirasse, une lance ornée de banderoles. Le peuple en fait peu de cas. Il est aimé des seigneurs et des prêtres.

Ben-ten est la plus remarquable des sept divinités. C'est une déesse, sortant de l'écume de la mer, portée sur une conque marine, comme la Vénus amphitrite des Grecs. Elle est entourée d'une auréole aux couleurs de l'arc-en-ciel. C'est la déesse de la famille par excellence. C'est elle qui féconde. C'est le modèle des bonnes mères et le type de la maternité.

GÉOGRAPHIE ÉCONOMIQUE

FINANCES. — RECETTES DE L'ÉTAT.

Voici la liste des recettes présumées, de toute nature, pendant le cours de l'année fiscale commençant au 1er juillet 1880 et finissant au 30 juin 1881.

Impôt foncier (1)	41,901,111 yens (2).
— sur les mines	12,511
— sur les produits industriels des provinces du Nord	431,151
— sur les marchands de saké	5,965,029
— sur les marchands de tabac et de papier	291,500
— sur le timbre	650,010
Taxes sur le papier réglé pour pétitions	85,415
— des lettres	1,110,000
Patentes des avocats	10,000
— des constructeurs de navires	116,270
— des voitures	309,270
— des compagnies commerciales	500,000
— des marchands de bestiaux	67,589
— des pharmaciens	65,879
— des poids et mesures	3,006
— des libraires	3,556
Permis de chasse	45,917
Passeports pour l'étranger et recettes diverses	3,263
Total	51,905,110 yens.

(1) Autrefois les propriétaires de la terre, les agriculteurs, les paysans, payaient seuls l'impôt. Aujourd'hui, les marchands et les ouvriers le paient également.

(2) Le yen vaut 5 francs 2.

DETTE NATIONALE.

D'après le rapport du ministre des finances publié au mois de juin 1879, le total de la dette du Japon était de 260,944,640 yens, y compris les emprunts étrangers et nationaux.

1° *Emprunts nationaux anciens et nouveaux.* — Après la grande Restauration, c'est-à-dire dans le courant du mois de mars de la sixième année de Meiji (1873), le gouvernement régla tous ses comptes. Il établit une distinction entre la dette ancienne et la dette nouvelle. Dans la première catégorie furent classés les emprunts faits pendant la période commençant à la première année de Koka (1845) et finissant à la troisième année de Keio (1865). Dans la seconde, figurent les sommes empruntées depuis la première année de Meiji (1868), jusqu'à la cinquième (1872).

DETTE ANCIENNE. — Montant des obligations : 10,982,075 yens, sans intérêt.

DETTE NOUVELLE. — Total des obligations : 12,392,590 yens, portant intérêt à 4 0/0.

2° *Billets de numéraire.* — Total : 2,238,550 yens, portant intérêt à 6 0/0.

3° *Pensions dites Tchisourokou.* — Total : 16,596,225 yens, portant intérêt à 8 0/0.

4° *Pensions dites Kinrokou.* — Total : 174,219,915 yens, portant quatre espèces d'intérêts, 5, 6, 7 et 10 0/0.

5° *Emprunt national pour les grands travaux d'utilité publique.* — Total : 12,500,000 yens, portant intérêt à 6 0/0.

Cet emprunt, émis au mois d'avril de la onzième année de Meiji (1878), et destiné à être affecté à la fois à de grands travaux d'utilité publique et au développement de l'industrie et du commerce, devait être entièrement versé au mois d'avril de la douzième année de Meiji.

6° Pensions servies aux propriétaires des anciens temples shintoïstes, appartenant maintenant à l'État. — Total : 423,335 yens, portant intérêt à 8 0/0.

Ces pensions ont été accordées aux bonzes qu'on a dépouillés de leurs revenus, en vertu de la notification publiée en 1870 et par laquelle on confisqua, au profit de l'État, les terres et propriétés dépendant des temples. Les bonzes furent congédiés par un décret qui parut au mois de mai de la quatrième année de Meiji (1871).

En 1877, le gouvernement leur accorda une pension équivalente à la somme représentée par la quantité de riz qu'ils auraient eu à recevoir pendant cinq années.

7° Emprunts émis pour couvrir les dépenses de l'armée pendant la répression de l'insurrection du Sud-Ouest. — Total : 15,000,000 yens. Intérêt 5 0/0. Cette somme a été affectée au paiement des dépenses de l'armée envoyée dans les provinces de Kioushiou, à l'époque de l'insurrection de Kagoshima, en 1874.

8° Emprunts étrangers. — Il y a deux sortes d'emprunts étrangers : 1° celui qui fut contracté à Londres dans le courant de la troisième année de Meiji, pour construire les lignes de chemin de fer du Japon ; 2° celui qui fut également contracté à Londres pendant la sixième année de Meiji, pour indemniser les personnes qui firent remise au gouvernement de leurs pensions de riz.

Le premier fut de 4,880,000 yens. Intérêt 9 0/0.

Le second s'éleva à 11,712,000 yens. Intérêt 7 0/0.

PAPIER-MONNAIE.

Les recettes étant moindres que les dépenses, et la dette augmentant chaque jour, le gouvernement japonais, sur la proposition de M. Wuri, officier du Daijo-Kan, attaché à la comptabilité, se décida à émettre du papier-monnaie pour couvrir le déficit du trésor.

Le décret du Daijo-Kan publié le 19 avril 1868 dit : « Dans le but de développer les ressources et la richesse du pays, et en même temps pour soulager la misère de la nation, S. M. le Mikado a pris la résolution d'émettre, dans le courant de la présente année, une certaine quantité de kinsats, qui pourront circuler pendant treize ans dans tout l'empire, etc. »

Plusieurs émissions de papier-monnaie furent faites à divers intervalles. Le papier-monnaie d'État en circulation est de 120,927,200 yens, d'après le rapport publié au mois de juin 1879, par le ministre des finances.

Le papier-monnaie japonais est déjà déprécié : on s'ingénie à chercher les causes du mal et le remède qu'il conviendrait d'y apporter. Une de ces causes, c'est le chiffre considérable des achats d'articles européens, et la sortie du numéraire qui en est la conséquence, les importations dépassant toujours de beaucoup les exportations.

Il est question, disent les journaux du Japon, de réduire les budgets de tous les ministères pour l'exercice 1880-1881, afin d'obtenir une économie de 3,500,000 yens, qui seront consacrés au retrait d'une somme égale en papier-monnaie d'État. On espère arriver ainsi, non seulement à empêcher ce dernier de baisser davantage, mais encore à le relever sensiblement (1).

(1) Si nous réduisons en francs les sommes indiquées dans ce chapitre des finances, d'après les rapports officiels du gouvernement japonais, il résulte :

1° Que la dette de l'État, en 1879, était de 1,256,912,123 francs ;

2° Que les recettes présumées pour l'année 1880-81 seront de 260,206,728 francs ;

3° Qu'on a émis, depuis 1868, pour couvrir le déficit du trésor, une somme de papier-monnaie égale à 628,800,496 francs ;

4° Qu'on va, en 1880-81, pour faire des économies, réduire le budget des divers ministères de 18,200,000 francs.

MONNAIES.

Les monnaies du Japon sont : le yen d'argent qui vaut 5 francs 20 centimes; il a pour modèle le dollar. Il est au titre de 900 millièmes. Il y a ensuite le *sen*.

Les pièces de 5, 10, 20 et 50 sen, sont au titre de 800 millièmes.

Les monnaies d'or sont : le yen (dollar), le double yen (2 dollars), la pièce de 5 yens et la pièce de 20 yens.

Le Japon a deux hôtels des monnaies, à Tokio et à Osaka. Il y a quatre banques nationales et d'autres banques particulières.

TRAVAUX PUBLICS.

Le ministre des travaux publics, comme ses collègues, suit le mouvement européen qui entraine le Japon, en ce moment. Il fait percer des routes, bâtir des monuments, creuser des ports (¹), construire des chemins de fer. Il établit des lignes télégraphiques, réorganise les postes et réunit ses ports principaux, par des câbles sous-marins, à la Chine et par là aux diverses nations du globe. Le Japon a des routes qui traversent les quatre grandes iles du sud au nord. Elles sont très fréquentées. Les chemins de fer sont la grande nouveauté du Japon. Des Anglais ont été chargés de les construire. Il y a plusieurs grandes lignes. Parlons de la principale, de la première construite, celle d'Yokohama à Tokio qui a 25 kilomètres (²). Il y a cinq stations entre les deux têtes de ligne : Kanagawa, Omori, Kavasaki, Tsurumi, Shinagawa.

(¹) Il y a près de trois ans qu'on a commencé la construction d'un nouveau port à Nobiroü.

(²) Elle se prolonge maintenant jusqu'à Takasaki.

Cette ligne est bien tracée et le parcours en est agréable. Elle passe à travers des forêts de bambou, au milieu de rizières ou sur les bords de la mer. Les premières et les secondes sont très élégantes; les troisièmes ont des portières garnies de barreaux et fermées à clef. A l'arrivée des trains, on n'ouvre les troisièmes que lorsque les voyageurs des autres classes ont passé.

Il y a un autre chemin de fer qui va d'Hiogo à Osaka et à Kioto; il sera continué jusqu'à Yokohama; les travaux de construction ont déjà commencé. On va construire une autre ligne qui reliera Otsou (près du lac Bivako), au Ken de Kanagawa. Elle sera établie aux frais de marchands et de capitalistes de la contrée. Elle comprendra trois tunnels dont un aura 730 mètres de long. Une autre ligne ira de Modji aux mines de charbon qui se trouvent aux environs.

Des lignes télégraphiques relient Nagasaki, Osaka, Hiogo, Kioto et Yokohama. Une nouvelle ligne va être établie entre Sékito et Iwakoumi. Un câble sous-marin va de Yokohama à Nangasaki et de cette dernière ville à Shangaï. Un nouveau câble reliera les îles Liou-Kiou à Kagoshima; il aura 280 milles de long. Plusieurs élèves de l'école des ingénieurs procèdent aux études préliminaires.

A partir de décembre 1880, le service des postes a été fait par les Japonais. Jusque-là les Anglais en étaient chargés.

INDUSTRIE.

Nous avons parlé des mines, de l'agriculture et des divers produits du sol, dans le chapitre sur la géographie physique du Japon.

Nous allons maintenant étudier l'industrie et le commerce.

L'industrie du Japon est remarquable; il y a eu, en 1872, à Kioto, une belle exposition de l'industrie qui fait honneur au Japon.

Nous signalerons tout d'abord la fabrication des *bronzes* et des *porcelaines*. Tokio a une grande manufacture de porcelaines dont les produits furent remarqués à l'Exposition de Sidney. Elle vient de demander au gouvernement une subvention de 50,000 yens pour donner de l'extension à sa fabrication.

Le Japon a des *armes* excellentes (¹). Il fait surtout des sabres renommés. Il faut 3 à 400 francs pour avoir un sabre convenable. Quand la lame est bien trempée, elle doit pouvoir trancher trois têtes d'homme d'un seul coup. Le Japon a, depuis peu, des manufactures d'armes, une fonderie de canons à Daka et un arsenal à Tokio qui pourrait fournir 200,000 cartouches par jour.

Les Japonais se distinguent surtout dans la fabrication d'objets en laque, de meubles vernis. Les boîtes et pièces diverses qui doivent être laquées sont faites avec le plus grand soin. On passe sur chacun de ces objets deux couches d'un vernis particulier au Japon et à la Chine appelé *laque*; quand le laque a séché, on polit avec de la poudre de charbon. Pour les laques d'or, on polit plusieurs fois, puis on applique de la poudre d'or sur une couche de vernis. On obtient ainsi ces beaux laques que l'Europe cherche à imiter depuis plusieurs années.

Le *papier* est aussi un des principaux objets de l'industrie japonaise. La fabrique d'Osi est renommée entre toutes. Pour faire le papier on se sert de l'écorce de cinq arbres différents: le gampi, le mitsa-mata, le koso, l'ama, le kuma. Avec le gampi, ou mûrier à papier, on

(¹) Le métier d'armurier y est en honneur.

fait le meilleur papier pour la copie, pour les journaux, pour les livres; on en fait aussi des mouchoirs de poche.

Le papier fort sert à faire des parapluies, des parasols, des éventails, des cordes, des fleurs artificielles, des ceinturons, des fourreaux, des tapisseries, des chaussures, des manteaux huilés qui sont imperméables, des cannes, des imitations de cuir. Il sert à remplacer les vitres pour les fenêtres.

Du bambou ils font des canots, des mâts pour les bateaux, des tuyaux d'irrigation. Ils s'en servent pour la construction des maisons.

Avec le riz, ils font une eau-de-vie nommée saké ou sakki. Ils fabriquent aussi du nuoc-mâm ou eau de poisson qui est un excellent condiment.

Conserves. — Dans les provinces du nord on fabrique des conserves de poisson et de viande.

Dans l'île de Shana (Kouriles), on a préparé en 1879 18,000 boîtes de conserves de *masou* (espèce de saumon).

A Békai (Némouro), il a été fait 35,000 boîtes de ce même poisson et 45,000 boîtes de saumon. A Atsoukishi, on avait fabriqué à la date du 28 mai 62,000 boîtes de saumon et 8,000 boîtes de viande de cerf.

Le total de la fabrication des conserves en 1880 se répartit ainsi:

A Shana, 145,000 boîtes saumon et *masou;*

A Békai, 18,500 boîtes saumon et *masou;*

A Atsoukishi, 150,000 boîtes d'huîtres, avec une diminution proportionnelle dans la préparation des conserves de viande de cerf.

Le gouvernement a l'intention d'établir huit fabriques de conserves de poisson et de viande dans les îles Kouriles.

Le poisson est un des principaux aliments des Japonais.

Du poisson on tire une huile particulière qui s'exporte en Chine.

Signalons encore la fabrication des draps et la préparation du tabac et du thé.

Fabrication des éventails. — Là, comme dans beaucoup d'autres branches d'industrie, le principe de la division du travail est rigoureusement observé. Les côtes ou baguettes en bambou de l'éventail sont confectionnées par des ouvriers, dans leur propre maison, tandis que les ornements en creux dans les parties inférieures de l'objet sont confiés à des ouvriers plus habiles, qui taillent la poignée d'après des esquisses tracées par des dessinateurs experts. De même l'artiste qui dessine donne au graveur ses motifs, qui, dans son idée, doivent prévaloir pour la saison prochaine; c'est à lui également de choisir les couleurs pour les différentes pièces déjà taillées, ainsi que les couleurs pour chaque détail isolé, et enfin les différentes matières pour le verso des éventails. Le papier dont on se sert pour y insérer, en les collant, les feuilles de l'éventail, est du papier japonais; il se prête si bien à cet usage qu'on a renoncé à le remplacer par du papier étranger. Des papiers venus d'Amérique ont été essayés, mais ils ont été rejetés. Et même les papiers indigènes employés aujourd'hui dans cette industrie ne valent pas ceux d'autrefois.

Quand le pays n'avait aucune relation avec le monde extérieur, l'éventail le plus cher qu'on fabriquât coûtait à peine 5 yens (25 fr.). Depuis lors, on en a fait sur commande, valant de 5 à 15 dollars pièce (25 à 75 fr.).

Le nombre des éventails fournis pour l'Exposition de Philadelphie en 1876, sur commande, a été de 800,000 dont le prix était de 50,000 dollars (250,000 fr.). Autrefois, le commerce des éventails dépassait rarement

10,000 pièces par an; durant douze mois (1879-1880), il en a été exporté près de 3 millions, de Hiogo et de Yokohama.

Les produits de Tokio surpassent de beaucoup, pour le dessin et pour la beauté du style, les éventails fabriqués dans la région de Hiogo.

Soie. — L'industrie des Japonais a fait de très grands progrès dans la fabrication de la soie. Ils la tissent très habilement et l'envoient en rouleaux en Europe. Ils font ainsi de plus grands bénéfices qu'en la vendant non tissée. Ils ont de nombreuses magnaneries et font un commerce considérable de graines de vers à soie.

Le Fard. — Ils brillent aussi dans la préparation des couleurs, dont ils se servent autant pour se farder que pour peindre. Ils fabriquent du fard noir, blanc, rose et vert.

L'usage de se farder est très usité au Japon; les dames japonaises ne se peignent pas le visage de la même manière que les dames européennes. Une couche uniforme de blanc recouvre toute la figure et tout le cou; cependant, on fait une exception pour deux ou trois points angulaires de la peau naturellement brune; ces points, situés sur le cou, ne sont pas peints, et doivent ainsi former des contrastes. Une fois la face blanchie, une teinte de rouge est passée sur les joues, au-dessous de chaque œil. Ensuite on colore les lèvres en rose avec du magenta; on étend sur les lèvres une couche si épaisse de cette couleur, qu'elle cesse de paraître rouge et tire sur le vert métallique irisé, teinte de la couleur d'aniline cristallisée. Dans les livres coloriés du Japon moderne, on peut voir parfois les lèvres des jeunes filles ainsi peintes en vert.

C'est un fait curieux, que la propagation si rapide de

la couleur d'aniline parmi les Japonaises. Elle paraît y avoir supplanté l'ancien rouge, on la vend étendue sur des rouleaux, avec des caractères chinois. Il s'en fait une grande consommation.

Au Japon, dans certaines pièces de théâtre, les acteurs se peignent la face de larges raies rouges, tracées d'ordinaire aux deux côtés des yeux. Ce mode de peinture employé par ceux qui paraissent sur la scène, est aussi appliqué à l'enjolivement des petits enfants. Aux jours de grandes fêtes, on voit des enfants soigneusement attifés par leurs parents et fardés d'une ou deux raies transversales d'un rouge éclatant. Elles partent du coin de chaque œil, et s'étendent le long du visage.

Imitation de l'industrie européenne. — Les Japonais copient tout ce qui est étranger et ils réussissent parfaitement dans l'imitation de certains produits européens. Ils fabriquent avec art des armes semblables à celles qu'ils faisaient venir naguère d'Allemagne; ils imitent les allumettes suédoises et ils ont déjà réussi à évincer de leurs marchés les producteurs des Tandstickors. Ce qu'ils produisent en ce genre est de si bonne qualité que la précaution de quelques fabricants de mettre à leurs produits des étiquettes étrangères, est actuellement tout à fait superflue.

Au nombre des articles que les Japonais imitent encore avec succès, il faut citer le cognac. Mais l'autorité ne paraît guère disposée à favoriser les fraudes qui se commettent en ce genre, et un individu, convaincu de tromperie à cet égard, a été puni de coups de fouet.

A Osaka et à Sakaï, le Sheffield japonais, on fabrique, dit le *Hioso-News,* des coffres incombustibles portant les noms faux des fabricants européens et les armes d'Angleterre. A Hiogo également, cette fabrication est poussée très activement, et on y imite surtout des produits d'une maison étrangère connue.

COMMERCE.

Le commerce du Japon a pris un grand développement depuis 1858, époque où cinq ports ont été ouverts aux États-Unis et aux principales nations de l'Europe (¹). Les exportations consistent en soies, en graines de vers à soie, en thés très estimés aux États-Unis et au Canada, à cause de leur odeur plus forte que celle des thés de Chine, en coton, porcelaine, laques, papiers, cire végétale, suif végétal, noix de galle, camphre, cuivre, ginseng, etc. Les importations consistent en cotonnades, lainages, armes, riz, sucre, huiles, moutons, porcs, lapins.

En prenant les chiffres donnés par le Ministère des Finances pour les importations faites dans tous les ports ouverts du Japon, on a les proportions suivantes :

Grande Bretagne et Possessions Britanniques.	57 0,0
Chine (y compris Hongkong)................	17 1/2
France...............................	10 1/2
États-Unis.............................	10
Allemagne............................	3 1/2
Autres pays...........................	1 1/2

Pour les exportations, c'est l'Amérique qui occupe le premier rang. Si l'on prend les chiffres des statistiques japonaises pour les exportations faites dans tout le Japon, on trouve la proportion que voici :

États-Unis............................	39 1/2 0,0
France...............................	21
Chine (y compris Hongkong).............	19 1/2
Grande Bretagne et Possessions Britanniques.	15 1/2
Italie................................	2
Autres pays...........................	2 1/2

(¹) Tokio a une Chambre de commerce.

Le commerce des Japonais avec la Chine est très actif. Ils sont aussi en relations commerciales avec la Corée. Le port de Fousan est ouvert à eux seuls. Parmi les Européens, les Anglais et les Français sont les peuples qui tiennent la tête du commerce du Japon.

Viennent ensuite les Allemands, les Italiens et les Hollandais. En 1880, la France vient au troisième rang pour les importations et au deuxième pour les exportations.

En 1870, le commerce du Japon avec l'Europe et les États-Unis a été évalué à 310 millions de francs; 185 à l'importation et 126 à l'exportation.

Les grands centres du commerce du Japon sont : Osaka et Kobé, Nagasaki, Hakodade et Yokohama.

En 1870, le port de Yokohama a eu 1,250 entrées et sorties de bâtiments, Anglais, Américains et Allemands. La valeur des échanges s'élevait à 250 millions de francs environ.

En 1879, la valeur totale des importations et des exportations de Kanagawa, la ville japonaise, et de Yokohama le port ouvert aux étrangers, a été de 42 millions de dollars (210 millions de francs), en dehors du mouvement du numéraire.

Il est entré dans ce port 293 navires européens et américains, 53 chinois et 885 japonais; total : 1,236.

Nous allons donner un aperçu des importations et des exportations de Yokohama-Kanagawa, pendant l'année 1879, d'après le rapport fait par le consul d'Angleterre. Nous aurons ainsi une idée générale des objets du commerce japonais.

LE COMMERCE DE YOKOHAMA-KANAGAWA.

IMPORTATIONS. — C'est au commerce de la Grande-Bretagne que revient la plus grande partie des importations.

La valeur totale des importations dans le port de Yokohama a été de $ 23,326,600.

Le chiffre total des importations de *cotton yarns* s'est élevé à 229,633 piculs (1), d'une valeur de $ 6,023,478.

Les *velours noirs* se sont maintenus dans des conditions très satisfaisantes. Les *couvertures* ont été l'objet d'une diminution considérable; les livraisons sont estimées à un total de 60,000 paires.

Le chiffre des importations de *draps* a été de 143,265 yards. Le total des livraisons est évalué à 10,000 pièces.

Les draps ne tarderont certainement pas à ne plus être un article d'importation, le gouvernement japonais ayant, depuis le mois d'octobre dernier, établi à Senji, l'un des faubourgs de Tokio, une manufacture où, dit-on, il se fabrique des draps de même qualité que ceux qui s'expédiaient de l'étranger, et à des prix moins élevés. Le Japon a encore peu de moutons; il fait venir ses laines d'Australie.

La *mousseline de laine* continue à occuper le premier rang parmi les tissus de laine.

Les livraisons des *crêpes* sont évaluées à 300,000 pièces. Cette marchandise est surtout importée de France, mais l'Allemagne a pris aussi son rang pour ce genre d'affaires, et les crêpes allemands commencent à être en faveur.

Il y a eu également une bonne demande pour les *Itashimés* (mousselines imprimées, d'origine française),

(1) Le picul égale 60 kilogrammes 453. Le ri sert à compter les distances.

malgré la concurrence créée par les imitations japonaises; les ventes ont atteint le chiffre de 40,000 pièces.

Le total des importations en mousselines a été de onze millions de yards (¹), environ deux millions de dollars.

Les *draps italiens* tiennent le premier rang parmi les tissus laine et coton importés. Les ventes sont évaluées à 80,000 pièces.

Les *orléans* sont le premier article comme tissus de laine mélangés ayant quelque importance.

Armes et munitions. — Les importations ont baissé dans une proportion considérable. A l'exception de l'artillerie de campagne, dont l'usine Krupp a le monopole, et aussi des poudres venant de Belgique, le commerce des armes et des munitions semble être fini. Le Japon possède actuellement le matériel et la pratique nécessaires pour fabriquer lui-même ses armes; l'arsenal de Tokio a une grande quantité de fusils Enfield transformés en Sniders, destinés à l'armement de la garde nationale. L'armée régulière sera pourvue de fusils Mourata (une sorte de chassepot modifié de l'invention du colonel Mourata), pour la fabrication desquels on vient de construire de nouveaux et magnifiques ateliers. Quant aux munitions, l'arsenal est en mesure de fabriquer 200,000 cartouches par jour.

Le gouvernement a une fonderie de canons à Osaka. L'arsenal contient de très beaux spécimens de pièces de montagne, en bronze, provenant de cette fonderie.

Fers blancs. — Il y a eu des demandes considérables pour cet article.

L'importation des *huiles de pétrole* (²) a été pour beau-

(¹) Le yard vaut 0ᵐ91.
(²) On a importé d'Amérique 750,000 caisses de pétrole.

coup dans les demandes de fers blancs. Les caisses à
pétrole vides, faites de ce métal, se vendent bon marché
et servent à fabriquer toutes espèces d'ustensiles de fer
blanc, industrie qui prend de jour en jour plus de développement dans le pays.

Les *aciers* ont été moins demandés.

Parmi les marchandises d'importation, figurent aussi
les sucres de Chine (Formose).

EXPORTATIONS. — La valeur totale des exportations pour
l'année 1879 s'élève à $ 18,880,272.

Le total des exportations de *soie* pour toute l'année a été
de 16,372 piculs, représentant une valeur de $ 9,734,531.
Les exportations pour les pays d'Europe, autres que
l'Angleterre et la France, sont tombées de 1,240 balles
en 1877, à 343 balles en 1878 et à 67 balles en 1879,
pendant le même semestre; celles pour l'Angleterre ont
été de 4,831 balles et pour la France de 5,262.

Les *déchets de soie* de tous genres ont continué à jouir
d'une grande faveur. Toutes les variétés de cet article
sont largement employés en Europe pour les tissus
mélangés ou à bas prix, au détriment des étoffes en soie
pure.

Le total des exportations en déchets de soie a été de
15,037 piculs.

Les exportations de *cocons percés* ont été de 5,280 piculs.
Cet article a été expédié surtout en France ou en Amérique.

Graines de vers à soie. — Le chiffre des exportations
s'est élevé à 813,947 cartons, représentant une valeur
de $ 582,623. Dans ce total se trouvent compris environ
200,000 cartons, que les Japonais ont refusé de vendre
au prix du marché, et qu'ils ont exportés ou envoyés en
Europe, où ils ont été vendus pour leur compte.

Thés. — Les exportations se sont élevées à 105,189 piculs (9,986,170 kilogrammes), représentant une valeur de $ 4,562,998. Il convient de remarquer qu'à l'exception d'un million de livres qui ont été expédiées au Canada, et d'un demi-million de livres à destination de l'Angleterre, tout le reste a été envoyé aux États-Unis.

Les exportations de thé se répartissent ainsi :

Pour New-York, Boston, etc.......	13,967,490	livres.
» San Francisco...............	3,815,332	—
» Chicago...................	2,456,110	—
» Le Canada....	1,137,583	—
» L'Angleterre........	490,285	—
Total............	21,896,830	livres.

Camphre. — Après la soie et le thé, qui sont les deux plus importants produits du Japon, vient le camphre qui s'expédie en Europe et en Amérique. Le prix du camphre qui, en 1876, était à Londres de 65 shillings les 100 livres, est maintenant de 85. Le camphre n'est pas comme le blé un produit dont la récolte puisse se faire chaque année. Il faut que le camphrier soit âgé de trois cents ans pour donner abondamment le suc résineux qu'on en extrait. La province de Tosa, qui fournissait exclusivement ce produit, a tellement épuisé les arbres qui y poussaient, qu'elle en est réduite aujourd'hui à faire bouillir les racines mêmes pour pouvoir faire face à la demande étrangère.

Toutefois les provinces de Iigo, Satsomma et Iiogo fournissent annuellement 100,000 livres de camphre à l'exportation.

Riz. — A en juger par les expéditions faites en 1878, qui ont atteint un million de dollars (5 millions de francs), cet article promettait de devenir pour le pays un important élément d'exportations; mais bien que le Japon ait été favorisé l'année dernière d'une récolte exceptionnelle, les prix se sont maintenus, par suite de la dépréciation du papier-monnaie, à des taux trop élevés pour permettre d'en exporter cette année avec quelques chances de bénéfices. Il en est résulté que les exportations ne dépassaient pas, à la fin de l'année, le chiffre de 42,000 piculs, contre 400,000 en 1878.

Blé. — La récolte a été mauvaise, de sorte qu'on n'a pu en expédier, au dehors, que 28,000 piculs. Le blé n'est du reste cultivé que dans des proportions minimes.

Le *cuivre*, les *éventails*, les *herbes marines*, le *tabac*, les *champignons* ont été exportés en plus grand nombre qu'en 1878. Il en a été de même pour les articles communément appelés *curios*, notamment les laques et les porcelaines.

Signalons aussi les *allumettes*. Cet article, qui s'importait naguère d'Europe, se fabrique maintenant au Japon, et l'exportation a déjà atteint le chiffre de $ 78,381.

MARINE ET NAVIGATION.

Le chiffre des navires étrangers de toutes nationalités entrés dans le port de Yokohama a été de 293, représentant ensemble un tonnage de 363,834 tonnes.

La navigation anglaise a diminué de 29 navires, tandis que celle de l'Amérique a augmenté de 6. Le chiffre de la navigation allemande s'est accru également de 6 navires. La navigation française, limitée presque entièrement aux paquebots-poste, ne présente que peu de changements, soit pour le chiffre des navires, soit pour celui du tonnage.

La navigation japonaise a continué à avoir une grande activité. Les navires venant des ports étrangers (Chine) ont été au nombre de 53, représentant ensemble 84,817 tonnes; ceux venant des ports japonais ont atteint le chiffre de 885, représentant 492,912 tonnes, ce qui constitue pour ces derniers une augmentation de 47 navires et de 37,461 tonnes, sur l'exercice de 1879.

Tous ces navires étaient des vapeurs appartenant pour la plupart à la *Mitsu Bishi*, Compagnie de paquebots qui est actuellement la seule à faire le service entre Yokohama et les autres ports du Japon et Shangaï. En octobre, cette même Compagnie a établi une ligne bi-mensuelle de paquebots entre Yokohama et Hongkong, *via* Kobé, innovation très utile au point de vue des communications entre cette colonie et le Japon.

CONCLUSION

Résumons, en terminant, nos appréciations sur le Japon.

Depuis douze ans environ, le Japon est entré dans le courant de la civilisation européenne, et déjà il a opéré des transformations remarquables. Il a construit des chemins de fer, établi des câbles sous-marins, construit des ports, des fonderies, des hôtels de monnaie. Il a ouvert des Expositions de l'industrie, fondé des fermes-écoles, des écoles normales, des écoles militaires; il a organisé son armée et sa flotte. La féodalité a été renversée, l'impôt a été appliqué à toutes les classes de la nation. Les codes ont été refaits. L'écriture chinoise a été remplacée par l'alphabet romain. La langue anglaise devient la langue savante. La presse se développe et l'instruction publique s'accroît chaque jour, dans de grandes proportions.

Quel sera le résultat de cette invasion des civilisations étrangères? Les uns croient qu'elle ne pénétrera qu'à la surface et sera sans effet sérieux. D'autres pensent qu'en voulant transformer hâtivement les mœurs, les usages, l'organisation politique et sociale des Japonais, on ne fera d'eux que des fantoches ridicules.

Tout nous porte à croire que les Japonais, pleins de bon sens, sauront faire justice de toutes les exagérations et ne prendront que ce qui leur semblera pouvoir s'adapter convenablement à leurs mœurs et à leur civilisation. Nous augurons bien d'une nation qui a ouvert résolument ses ports aux étrangers et qui désire sincèrement entrer en bonnes relations avec eux. Nous comptons sur l'avenir d'un peuple qui connait peu la pauvreté parce qu'il ne recherche pas les richesses avec passion, qui sait trouver la satisfaction dans la sobriété, qui considère l'agriculture comme un devoir religieux, qui aime le travail, qui désire s'instruire, qui réduit sa philosophie à de sages règles de morale et qui surtout se fait un devoir de les observer.

Voici comment un de nos écrivains les plus distingués, Philarète Chasles, apprécie les Japonais et leur avenir, dans ses *Voyages d'un critique* (Le Roman au Japon) : « Cette race ne doit pas être confondue avec les races amollies de l'Orient dégénéré. Elle ment moins, elle a de l'honneur... On sait quels amusements nos hôtes venus du Japon, quand ils étaient à Paris, préféraient à tous les autres. Ni l'opéra, ni les ballets, ni la musique, ni les courses de chevaux, ni les réunions brillantes ne les attiraient. Ils demandaient à nos libraires étonnés les meilleurs livres modernes sur la chimie, la physique et les inventions nouvelles. Le télégraphe les a frappés d'admiration; le vaste mécanisme de l'Imprimerie impériale les a pénétrés d'enthousiasme. Leur figure ne nous semblait ni belle, ni régulière; leurs costumes nous répugnaient. Leur sérieux excessif nous glaçait. Il a cependant fallu reconnnaitre en eux une vive faculté d'analyse, une puissance rare d'observation recueillie et d'attention profonde. Ces dons que plusieurs voyageurs avaient signalés, semblent les désigner comme initiateurs futurs d'une nouvelle civilisation asiatique.

» Beau spectacle, intéressante étude! Une race asiatique se détachant ainsi de l'Asie servile; occupée de continuer son éducation, répudiant l'écriture idéographique comme insuffisante pour la pensée; créant son écriture phonétique, c'est-à-dire l'analyse des sons qui conduit à l'analyse universelle! Elle abjure donc l'idolâtrie du passé; cherche le mieux même chez les Européens; reste solide tout en se raffinant et se polissant; se débarrasse de ses scories; sort peu à peu de sa gangue; enfin du sein de la torpeur boudhiste, gagne du terrain intellectuel et industriel par la seule vigueur des âmes, par la seule force de la vertu, que malgré l'État lui-même, l'individu conserve intacte. »

Les Chinois, voisins et rivaux des Japonais, ne pensent pas ainsi.

Lin-Ta-Jen, membre de la mission chinoise envoyée en Angleterre en 1876, portait sur les Japonais l'appréciation suivante : « Les Japonais, dit-il, ont mis leurs systèmes administratifs en harmonie avec celui des États européens; ils ont copié les costumes, les cérémonies et les usages de l'Occident. Aussi les Européens les méprisent-ils d'avoir fait violence à leurs goûts naturels et sacrifié leurs habitudes nationales pour emprunter celles d'une race étrangère. » Les Chinois se trompent, les Japonais n'inspirent pas à l'Europe du mépris, mais une bien vive sympathie. Ils seront le trait d'union entre les civilisations de l'Europe occidentale et de l'Asie orientale; ils serviront à leur fusion et, par suite, au progrès de l'humanité.

Bordeaux. — Imp. G. Gounouilhou, rue Guiraude, 11.

Reliure serrée

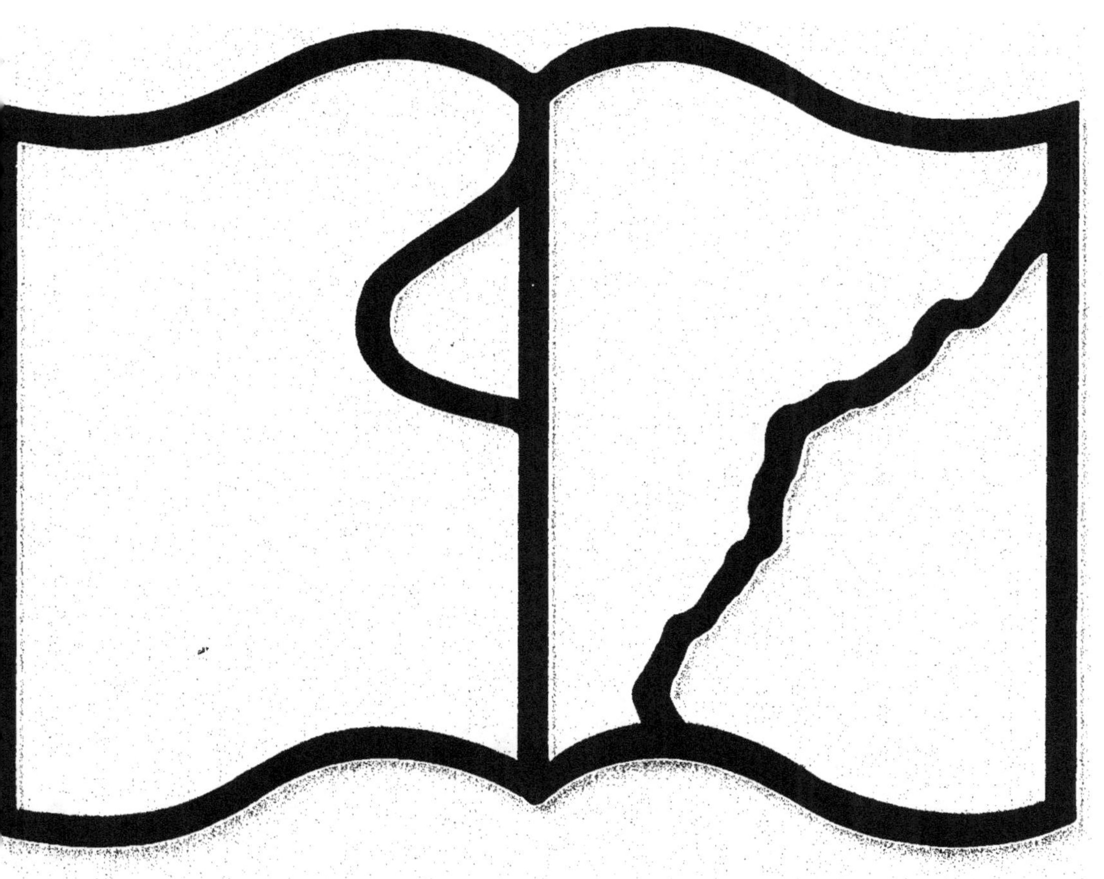

Texte détérioré — reliure défectueuse

NF Z 43-120-11

Contraste insuffisant